おもしろい方言地名と名字のあれこれ

高田 哲郎

まえがき

地名は方言の宝庫である。

狭い地域で互いに気心の知れた間では、ざっくばらんな話し方になるから、たとえば、「行ってしまった」と言うときには、「行っちまった」とか「行っちゃった」と崩した言い方をしたり、また、「うっ走《ぱし》った」などと、その土地の独特な言い方に、置き換えたりする事が多い。

改まった言い方なら、「わたくし」と言うところを、普通なら「わたし」と、やや省略し、相手や性別・年齢、また地域などによって、「わたい・あたい・わっし・あっし・わし・わて・あて・わい・あい」などと、キリもなく省略を重ねたり、また「あちき」と派生的な言い方をする事もある。

丁寧な文末表現の「ございます」は、漢字を当てれば「御座《ござ》います」と書くように、元は、天皇や高貴な方が、高座においでになるという意味の「御座在《あ》り申《もう》す」から出たものという。

それが「御座ります」と、やや省略された言い方になり、さらに「御座います」「御座んす」「御座りんす」「がんす」「ごんす」「がす」「げす」などと約《つづ》められてきた。

これは長い時代の流れに揉まれて変化した、ある地域的な方言であったり、年齢方言であったり、ある種の職業方言であったりするが、共通して言える事は、話し言葉・口言葉には常に省エネ意識が働いているという事である。

地名については地方色が更にはっきりと表れる。京都府福知山市に「三河」という地名がある。ミカワと読めば何ともない地名だが、ソウゴと読むので、難読地名の代表のように言われている。多くの人が、何で三をソウと読むのか分からないというのだが、誰でも読める作家の山本有三の名は、ユウゾウである。人名なら、安三はヤスゾウであり、友三ならトモゾウと、何の不思議もなく読める。つまり、三はゾウと読むのだが、この場合のゾウは連濁音なので、普通ならソウである。そう思えば何ともないことなのだが、名詞の頭につく三をソウと読む例があまりないので、戸惑うのだろう。

次に「河」だが、この字は漢音ならカ、呉音ではガと読んで、訓読みでも一般的にはカワであって、ゴという読み方は見当たらない。ところが、近畿地方の地名を見渡すと、京丹後市の「五十河」は普通にイカガと読むが、姫路市の「皆河」はミナゴであり、神戸市の「淡河」はオウゴ、神戸市と相生市にある「小河」はどちらもオウゴと読んでいる。この辺りでは、河＝

カが連濁音になるときにはゴになるという、ご当地読みの慣習が見られるのである。言い換えれば、これは方言読みである

昭和・平成・令和などという、ある一定の時間の区切りに名付ける年号は、中国の秦の始皇帝がはじめて、それより代々皇帝の権限で命名されてきたものだが、日本でも、政治改革を目指した中大兄皇子や、中臣鎌足らがそれを取り入れて、改新方針の発令時に「大化」の年号を決めて以来、朝廷は吉凶の兆候が現れる度に、改元を重ねてきた。明治からは天皇一代に一年号と決めて、大正・昭和・平成と続いて、現在の令和に至っている。因みに、いま、時間に名前を付ける年号制度を行っているのは、世界でも日本と中国だけである。

人の名は親、または名付け親によって決められる。地名が年号や人名と違う点は、それが地域の人々の総意によって、名付けられるという事である。

絶対的権力が定めた年号を、人は訛ったり、約めたりして言うことはできない。人の名は、心情によって多少変えたり、省略したりする事はあるが、それは呼び方であって、そのように書くことはない。それに対して、地名は地元の人々の総意で決める呼び名だから、総意によって認められれば、どのように言う事もできる。

先日、隣町の知人との会話で、「へじま」という地名を聞いて、思わず聞き返した。それが「稗島《ひえじま》」と聞いて納得したが、このように、地元民だけで通用する省略的な言い方は、広い世

界ではほとんど通用しないことになる。

地名の地元読み・ご当地読みとでも言うべきもの、これは方言である。日本列島に人が住み着いたのは、ざっと三〜四万年前と言われるが、その間に社会状況の変化によって、どれだけの地名が生まれ、そして消えていった事か。生き残った地名であっても、「御座在り申す」が「がんす・ごんす」にまで変化した事を思うと、長い時間をかけて言い伝えられて来るなかで、時代ごとの総意を受けながら、どれだけ磨かれ、削られ、そして崩れてきたことか。

人の一生は長くてもせいぜい一〇〇年くらい、長い間人生五〇年と言われ、縄文時代の平均年齢は三〇年くらいと聞く。年号も昭和は六三年も続いたが、江戸時代までは長くて二〇年前後、三〜四年で改元したことも二、三度ではない。そのためにその名の呼び方が変わる事はない。

それに比べて、人の移動によって消滅した地名は別として、地名は為政者や有力者が意識的に変えない限り、永遠に続くものである。永遠に続くものなら不滅かというと、口伝えであるだけに、先に見たような方言的変化が起こるという性質をもつ。

あまり削られ、崩れてしまった結果、その名が指し示す土地や場所は分かるとはいうものの、地元の人でも、その意味は分からなくなってしまったという地名は、当然のことながら古いものほど多い。

意味が分かっても、分からなくても、地元では毎日、無数の地元読みの地名が飛び交っている。地名は方言の宝庫であるという所以《ゆえん》である。

地名を謎に追い込んだ漢字表記と好字令

地名のもう一つの問題は、上代に中国から渡って来た、漢字文化の影響である。それまで文字を持たなかった和語を、外国産の漢字で表記するようになると、地名も漢字で書かざるを得ないことになった。そこで、万葉仮名と言われるように、単に漢字の音を借りて地名を表記したとしても、漢字は表意文字であることから、やがてその漢字の持つ意味が独り歩きして、地名の意味に違った解釈が生まれることになる。

また、本来の意味を見失ってしまった土地の呼び名を、漢字の持つ意味を意識して表記するようになると、本来の意味とは全く変わったものになる。

地名に対する決定的な漢字の影響は、中央から発せられた、いわゆる「好字令」である。古くから言われるように、日本が「言霊の幸わう国」であるならば、すでに意味が分からなくなった地名でも、生み出された時には、当然、そのような意識のもとに名付けられたはずなのだが、奈良・平安時代の二度にわたって、天皇や中央政府から、「全国の地名は二字の好字で表記せよ」という指令が出されている。

これが民間にも広がっていた縁起の思想と相まって、地名には競って万人好みの文字が付けられるようになる。生まれた子どもへの名付けを考えれば、その気持ちは分かるのだが、その事が、地名の持つ意味を、ますます奥深く隠してしまった事は事実である。

関東各地にある「花ノ木」という地名。きれいな夢のある地名だが、この字や響きから、それが危険な「(崖)端《はな》の処《き》」の別表記だったとは誰が想像するだろうか。

一方では、地名は、遠い先祖が大地に刻んだ文化財――と言われて、先人からのメッセージを読み解こうとする運動も進んでいる。特に一〇余年前の東日本大地震による、大きな津波被害以来、災害を予告する地名への関心度の高まりにつれて、地名全般への興味・関心が広がっていることが窺える。

だが、こう言ってしまうと、何だか地名の掘り下げって、真面目一方の堅苦しい作業なのかと、誤解されるかもしれないが、民衆の生活全般が凝縮されている地名が、そんな堅苦しいものであるはずがない。

小説にも純文学や娯楽小説もあるように、国民的歌集と言われる『万葉集』(七七一頃)には、天皇の歌から、名もない庶民の恋の歌・失恋を悲しむ歌、互いにからかい合う遊び歌や、「二二」と書いて「し」と読ませるような、遊び心に満ちた謎かけ歌も、何でもありなのだ。そう、万葉の最初の歌は、天皇が、野原で若草を摘んでいる若い娘を見かけて、今風な言い方で言うと、ナンパを張っている歌である……というように、だからこそ国民的歌集と言われるのだが、古典を勉強するには、そんな歌を読み解くおもしろさもある。

地名も同じで、思わず笑ってしまうような名や、「二二が四《し》」めいた戯訓も無数にあり、人々がけっこう暮らしを楽しんだ様子が伺えて、地名解には、先人と心から共鳴できるような、無限の楽しさがある。

地名と苗字は先祖のルーツを知る手がかり

全ての人は戸籍上の名字を持っている。一部の名字は古代の氏姓制度の名残を引くものだが、その他のほとんどは、先祖の出自とする土地の名を受けて、名字としているものである。それだけに先祖の生誕の地と、その土地の名の由来を知りたいのは、自然の情である。

今は氏姓と名字＝苗字は、ほとんど同じ意味になっているが、かつてそこには厳然とした区別があり、名前も幼名・通名・本名＝諱《いみな》・法名・諡《おくりな》など、時代色を持った色々な慣習があった。当然そこには社会制度や、生活習慣から来る民衆の意識が、色濃く反映されていて、それぞれと、その変遷にも興味尽きないものがある。

日本全国の市町村は令和六年現在、一七一八あるというが、その中の小字まで含めると、地名の数は二〇〇〇万は下るまいと言われている。誰も詳しく調べた人はいないのだから、正確な事は分からないが、地名が方言の宝庫とするならば、これは膨大な宝物が眠っている事になり、その中に分け入ってみる興味も尽きない。

先人の息吹きが伝わる方言地名と、そこにつながる名字は、幾多の歴史と時代を経て、現代を生きる私たちへと、バトンを繋いでいる。先学の知恵と知識に学びながら、それらの事を少しばかり整理してみようと思い立ったのが、この本を書く契機である。

▼目　次――『おもしろい方言地名と名字のあれこれ』

まえがき……3
第一章　方言は地域が育んだ文化……13
第二章　切っても切れない地名と名字……29
第三章　言霊の宿る人の名前……50
第四章　氏名を誇った武将たち……69
第五章　名を呼ぶのを憚る日本人……86

第六章　時とともに移り変わる地名……101
第七章　漢字の多様な読み方――「生」の付く地名から……119
第八章　人々の暮らしの跡を刻んだ地名……143
第九章　名前や地名に見る機知に富んだ言葉遊び……177
第一〇章　難解・難読地名に挑む……199
第一一章　古語で解ける難読地名……242
第一二章　歴史的な官職・役職の名を留める地名……266
あとがき……283
主な参考文献……289

第一章　方言は地域が育んだ文化

方言はお国の手形

昔、「方言はお国の手形」と言われた。武蔵国《むさしのくに》・上野国《こうずけのくに》・信濃国《しなののくに》・甲斐国《かいのくに》などと分かれていた時代には、国といえばその国々を指した。因みに、日本人が日本全体をまとまった一つの国として、日本国を意識しはじめたのは、日清・日露戦争を通してのことだという。

時代劇の関所の場面で見るように、当時、他国に行くにはお国の発行する通行手形、今で言えばパスポートを持参しなければならなかった。「方言はお国の手形」とは、その事を背景に、わざわざ手形を見なくとも、通行人の語る方言が出身地を証明するという意味である。

無数の山や川に国土を分断されている日本列島。狩猟や採集で暮らしていた人々が、蕎麦や粟・稗などの農耕を始めても、まだ、山から離れる事はできずに、里山に続くわずかな平地に住み着いて、村や集落をつくっていった。稲作が普及するにつれて、人は平野部から低湿地帯にまで進出して、そこを開拓した。

その間にも人々は、かなり広範囲の地域と行き来して、特産物の交易と文化の交流を重ねていた。大和政権の統治が行き渡ると、国土の一定範囲ごとに国という縛りがかけられて、一般の人々はそこからほとんど外に出ることはなかった。

南から北へと細長い日本列島は、桜前線の動き一つとっても分かるように、お国ごとに気候風土が違う。例えてみれば、同じ鍋の中に同じ食材を入れたつもりでも、食材も水の質も少しずつ違っている。それを長い時間をかけてグツグツ煮詰めれば、当然の事として、味はそれぞれ違ってくる。

生活様式と同様に、方言も同じである。元は同じ日本語でも、長い鎖国政策によって互いの交流は薄くなり、独特な味に煮詰められていくうちに、独自な変化を遂げたものである。

方言がもたらした悲喜劇

幕府が、アメリカの黒船に開国を迫られた時、鎖国か開国かを巡って、諸大名を集めて協議した。一堂に会した諸国の大名は、それぞれ熱く自説を述べるのだが、方言が多くて一向に埒が明かない。そこで、例外として格式を外して、大名を隣国順に並べて、伝言式に通訳することにした。

伝言ゲームという遊びがある。数人並んで、初めの子がメモしておいた話を、内緒話風に隣の子に話し、それを次々と伝えていって、最後の子が聞き取った話を公表するというものである。話の筋が複雑になるほど、伝言はとんでもない内容に変化しているものだという。

幕府の会議も、通訳と伝言の誤差が次々と重なって、せっかくの名案も役に立たなかったという。本当の話かどうかは知らないが、方言の本質を衝いたおもしろい話である。

こういう話なら笑って聞かれるが、方言ゆえの悲劇もある。例の関東大震災の時のこと。社会の大混乱に際し、内務省は戒厳令を発し、各地の警察署に、治安維持に最善を尽くすよう命じた。その通達に「混乱に乗じた朝鮮人が、暴動を起こす事も予想されるので、各市町村は、在郷軍人や消防団と協力して、安全の確保を」という内容があった。これがどさくさの中で伝言ゲーム風に、朝鮮人が暴動を起こし、井戸に毒を入れ、あちこちに放火しているから、厳重に警戒しなければというデマになって広がり、それに対応するために、官憲の指導も加わって各地に自警団が組織された。

大規模な混乱に殺気立っていた自警団の人々は、怪しいと見れば取り囲み、集団暴行を繰返して大勢の人を虐殺した。

震災による死者・行方不明者は一〇万五〇〇〇人と言われているが、二〇〇八年の政府の中央防災会議がまとめた報告書によると、虐殺の犠牲者は一％ないし数％と推計されている。

これは政府が二〇〇八年まで、まともな調査をしてこなかったことを意味しているが、推計も一〇〇〇人から三〇〇〇人なのか、それ以上と言っているのか、数％ではあまりにも漠然とし過ぎている。

犠牲者の中に、聞き慣れない方言のために、朝鮮人と間違われて虐殺された人たちがいる。一例として「福田村事件」が挙げられる。千葉県の旧福田村、今は野田市になっているが、震災当日、そこに香川県から来た一五人の薬の行商団が通りかかった。茨木県を目指した旅の一行は、村の香取神社の境内で一休みしている最中だった。

大勢の自警団に取り囲まれた一行は、口々に朝鮮人ではないと釈明したのだが、殺気立っている人々には、聞き慣れない讃岐弁を朝鮮語と聞きなして、弁明に耳を貸さなかった。

一行は殴る蹴るの暴行を受け、利根川に投げ込まれる者もいて、三歳、四歳、六歳の幼児も含めて九人が虐殺されたのだった。そのなかには妊婦もいたので、胎児も加えれば犠牲者は一〇人となる。

このほか、秋田や沖縄の出身者も、同様な理由で犠牲になった人がいる事も分かっている。この悲劇は、方言が同じ日本語を基礎としながらも、地方ごと、いかに特殊な言葉に変化していたかということを示している。

なお、あえて付記すれば、政府はこの朝鮮人虐殺の事実を公式には認めていない。令和五年（二〇二三）八月三一日の松野博一官房長官は、翌九月一日の震災一〇〇年を迎えるに当たり、記者会見で、「政府として調査したかぎり、事実関係を把握することのできる記録が見当たらない」と説明している。前掲の「中央防災会議」の報告書については、「当該記述は有識者が執筆したものであり、政府の見解を示したものではない」と述べて、あくまでも事実を認めない姿勢を貫いている。（二〇二三年九月一日付　朝日新聞）

薩摩弁の将官と東北出の兵卒

方言の消滅が言われて久しいが、その原因は、明治政府以降の一貫した中央集権政策にある。国民の意思を統一して、上意下達を徹底するには、地方ごとの方言を排して、共通の言葉に統一することが一番の早道である。

明治政府が富国強兵を目指して、全国から農民出身の若者を集めて、西洋式の軍事訓練をしようとしても、方言がごっちゃ混ぜの部隊では、意思疎通がうまくいかず、まとまった規律ある行動はとれなかった。指揮官が薩摩弁で号令をかけても、薩摩弁が分からない兵は、右往左往するしかない。それに怒った指揮官が、さらに薩摩弁でまくしたてても、関東や東北の農山村出身の若い兵卒には、外国語で怒鳴りつけられているに等しいから、それに応じた機敏な行動はとりようもない。

台湾を植民地とし、朝鮮に植民地政策を押し付けて、日本語教育の徹底を図っても、九州出身の教師と、東北出身の先生とでは、言葉や話し方がまったく違った。教えられる方とすれば、混乱するばかりで、日本語はどうなっているのかと、秘かに笑われることもあった。

標準語はよい言葉・方言は悪い言葉

あらゆる面から中央集権化を目指していた明治政府は、これらの実態を知ると、急いで東京・山の手の士族たちの言葉を基準に、「標準語」なるものを作り上げ、新聞や雑誌とラジオ、また学校教育を通して普及を図った。

しかし、方言しか遣わない、地方の家庭で育った子どもたちに、いきなり標準語を身に着けさせようとしても、それは無理なことだった。焦った学校では罰則まで設けて、標準語政策を推進した。「方言札」を作って、学校で方言を遣った子の首に掛けた例など、よく知られているところである。こうして、方言は遣ってはならない下賤な言葉、という考えが浸透していった。

次第に、標準語が話せる人は、教養が高い紳士・淑女であり、方言しか話せない者は野卑な人間という、暗黙の基準が世に広まり、地方出の人は一様に肩身の狭い思いをするようになった。

東京に住んでいるだけで、高等な人間であり、地方へ行くほど、田舎っぺと言われて軽蔑され、卑下せざるを得ない世相が作り上げられたのも、これが大きく起因している。

食うや食わずの貧しい田舎から、一二、三歳で、東京の山の手のお屋敷に女中奉公に出された娘が、口やかましく言葉遣いを責められたのを苦に、自殺したなどという痛ましい話も伝わっている。

メッタメッタ笑われて

私が秩父の山村から、東京渋谷にある大学に入学したのは、昭和二八年（一九五三）のこと。まだ駅の周辺がわずかに舗装されているだけで、街から一歩出ると未舗装で、学校までの近道は、誰の所有地か分からないが、赤土むきだしの広い更地の、傾斜面を突っ切ることだった。雨でも降ると、水は自在に細い流れになって、低みに向かって流れるから、その流路の網目を縫って歩く。そのようにして、大勢の学生が思い思いに渡り歩くから、地面はぐしゃぐしゃの泥んこで、長靴でもなければ、とても歩けたものではなかった。

そんな時代だから、戦後の民主主義はまだ上辺だけで、実生活には旧態依然とした意識が、根強くへばりついていた。方言についても同様で、地方出の学生は、みんな、なるべく方言を遣わないようにと、苦心していた。それでも、普段遣っている言葉は、方言とは思わないで遣っているものも多い。それがポロリと出て、周囲から蔑まれるという例が多かった。

私も、メッタメッタという秩父弁がよく口を衝いて、笑われたものだった。今思えば、メッタヤタラニという言葉は、標準語・共通語と目されているばかりでなく、そこから派生したメチャクチャなどという言葉が、まるで気の利いた言い回しのように遣われているのになぜ、と反論すればよかったのである。

多数派が決めつける方言

その語源はむやみやたらであるさまを意味するめたである。島崎藤村の『旧主人』(一九〇二)は、信州小諸が舞台だが、そのなかに「今年はめた水に祟る歳だなう」というセリフがある。「時々」とか、「様々」「色々」など、同じ言葉を重ねて物事を強調する語法がある。井原西鶴の『日本永代蔵』(一六八八)の「名医に替えてみしにめためたと悪敷《あしく》なり」はその伝である。

平賀源内が、秩父の山中で金鉱を探すために滞在していた、山奥の村で書いたという浄瑠璃『神霊矢口渡』(一七七〇)には、「どうすれば此様《このよう》にめったに金ができまするぞ」という会話の一節がある。これは「めた」が「めった」になったもので、「あちこち」⇩「あっちこっち」や、「くたくた」⇩「くったくた」のように、会話文にはよくある例である。文法的にはこれを促音便といって、言葉の変化の一つの法則とされている。そこから「滅多やたらに」の他にも、「めった打ち」「メッタ飲み」などという言葉もできた。

実は、誰もが普通に遣っている、メチャメチャという言葉は、西鶴が遣ったメタメタを語源とする。その成立過程を示す例に、式亭三馬の滑稽本『浮世風呂』(一八一三)の、将棋を指しているところに来た酔っ払いが、将棋の駒を「めっちゃに掻きまわす」がある。同じ言葉を語源とする、メチャメチャは正当な言葉で、メッタメッタは異端な言葉と考えるのは、言ってみれば無知さの表明である。しかし、そうは力んでみても、多数派と少数派ではどうにもならない。昔は共通に使っていても、変化の激しい都市部では消えてしまって、地方で細々と息づいていた言葉が、方言と見なされるのはよくある事である。これは方言の成立過程の一つと言うことができる。

方言は地域の文化

私が秩父の方言を、本腰を入れて採集しはじめた三〇年ほど前にも、訪問した家のお婆さんから、「嫁に、子どもたちに変な言葉を教えないでと言われているので、話したくない」と言われたことがある。子どもが、お婆さんとの会話で覚えた言葉を学校で遣って、友達にバカにされたというのである。いまだに山村には方言は悪い言葉・汚い言葉という刷り込みが、被害者意識となって強く残っているようである。

しかし、方言は丸ごと地域の文化である。方言を否定することは、地域の文化を否定することであり、引いては、そこに生きる人の生き方の否定である。あのお婆さんは、都会育ちの嫁の、方言を基準から外れた変な言葉とする認識から、孫との会話を禁止されて、自己否定の殻に閉じこもり、さぞかし悶々とした、沈黙の日々を送っていただろうと推測すると、何とも言えない気持ちになる。

方言は地域の文化ということが認識されはじめたのは、戦後もかなり経ってからのことである。地方の時代と言われ、地域ごとの良さが認識されるにつれ、当然のことながら、方言も見直されることになったのである。

地名は方言で呼ばれる

柏沢――私の生まれた山村の集落名である。子どもの時から慣れ親しんだ呼び方はカシャーザーである。今は三〇軒ほどの、一人暮らしの多い高齢者集落になってしまったが、その頃は五〇軒ばかりの家が、山裾の狭い空間にひしめき合い、子どもたちの声が賑やかに谷間に響きわたっていた。

集落は耕地と呼び、カミデーラとシモデーラに分かれ、カミデーラの山に接する高台は、ワッテーラと呼んだ。幼い頃からカミデーラとシモデーラは上平・下平であることは理解していた。川を隔てた下隣の耕地がオーデーラ（大平）で、上隣がタケンテーラ（竹平）だったから。しかし、ワッテーラだけはどう書くのか、成人になってからも、長い間まったく理解できなかった。

定年退職後、秩父の方言研究に本腰を入れはじめた時に、ある高齢者が衣服の上に羽織るものを、ワッパリと言うのを聞いて、ワッテーラは上平の秩父的な言い方であることに気付いた。上羽織りがワッパリなら、それに倣えば、ウエダイラ⇩ウワダイラ⇩ワッテーラと変化したものと、言えるはずである。

地名としては周り中がテーラだが、そのどこを見ても、山裾の傾斜したわずかな平地で、家の前に石垣を積んで、水平を保っている屋敷も、かなりの数である。平野部と違って、山間部ではそのわずかな平面が貴重なので、多少は傾斜していても、家が建てられるほどの所は、すべてタイラと名付けたことが分かる。このようにタイラの意味が違うというのも、地方の風土に根差した、方言的な現象と言えるだろう。

「竹の平」地名の表すものは

お隣の大平（オーデーラ）は、文字通り、この村の中では最も広い山裾の平面を誇っていた。では、上隣の竹平（タケンテーラ）は竹の生えている平地かと言うと、そうとも言えなかった。もっとも、名付けられた頃には、竹が繁茂していたのだと言われれば、口をつぐむしかないのだが。

しかし、昔の武蔵国といった範囲のタケの付く地名を見渡すと、ある一つの共通点に気付かされる。例えば、秩父市に「武之鼻の渡し」と呼ばれる場所がある。今は橋が架かっているが、かつて荒川の両岸・旧秩父町と旧久那村とをつなぐ、渡し舟のあった所である。

荒川は長い年月をかけて河床を削り、両岸に何段もの高い河岸段丘をつくっている。したがって、渡し船に乗るためには、人は高い崖路を下らなければならない。逆に、渡し船から見れば、対岸は高い崖の上である。このような場所は、武蔵国内でも各地の河川が形作っていて、そこはたいがいタケノハナと呼ばれていた。表記は竹の鼻・武の鼻・竹の花・武の花、あるいは武之鼻であったりと、様々な組み合わせが見られるが、煎ずれば「嶽の端」なのである。（詳細は拙著『秩父の地名の謎99を解く』を参照されたい）

さて、タケンテーラ耕地も、上流の浦島耕地とは薄川に隔てられていて、相互に川を渡らなければ、交流できない関係にある。これは秩父町と久那村とを結ぶ、武之鼻の小型版である。つまり、竹平は嶽の上の平地という意味だったのである。

なぜ、「竹の平」は「タケンテーラ」なのか

竹の平を地元でタケンテーラと呼ぶのには、二つの音韻の法則が関わっている。一つは「タ

ケノ⇩タケン」だが、このようにノがンになる例は、「竹の棒」⇩「竹ん棒」、「家の中」⇩「家ん中」、「赤の坊」⇩「赤ん坊」、「赤の目」⇩「赤んべー」というように、挙げればきりがない。これをローマ字で書いてみれば「NO」⇩「N」のように約まったもので、なるべく表現を短くしようとする言葉の法則に沿った変化なのである。

もう一つは、「タイラ」⇩「テーラ」の変化である。これも次のようにローマ字で書いてみると分かりやすい。〈**TA I** RA〉⇩〈**TE E** RA〉。よく見ると「TAI《たい》」⇩「TEE《てー》」と変化しているのが分かる。

A《あ》・I《い》・U《う》・E《え》・O《お》という音は、日本語の音を代表する音なので、母音というが、実際に発音してみると分かる通り、大きく口を動かさなければならない。そこで母音が二つ重なると、なお発音の負担が増すので、何とか省略したくなった結果が、〈AI《あい》〉⇩〈EE《えー》〉となる。

このように、言葉の約め方には音韻上の一定の法則があり、それを度外視したものはめったにない。AIUEO《あいうえお》の母音が重なったときの変化は、おおよそ次のようになる。

暗《くら》い　⇩　暗《くれ》え　〈KURAI⇩KUREE〉　＝〈AI⇩EE〉
洗《あら》う　⇩　洗《あろ》う　〈ARAU⇩AROU〉　＝〈AU⇩OU〉
帰《かえ》る　⇩　帰《けえ》る　〈KAERU⇩KEERU〉　＝〈AE⇩EE〉

消《き》える ⇩ 消《け》える 〈KIERU ⇩ KEERU〉 ＝〈IE ⇩ EE〉
言《い》う ⇩ 言《ゆ》う 〈IU ⇩ YUU〉 ＝〈IU ⇩ YUU〉
寒《さむ》い ⇩ 寒《さみ》い 〈SAMUI ⇩ SAMII〉 ＝〈UI ⇩ II〉
魚《うお》 ⇩ 魚《いお》 〈UO ⇩ IO〉 ＝〈UO ⇩ IO〉
映画《えいが》 ⇩ 映画《ええが》 〈EIGA ⇩ EEGA〉 ＝〈EI ⇩ EE〉
強《つよ》い ⇩ 強《つえ》い《え》 〈TUYOI ⇩ TUEE〉 ＝〈OI ⇩ EE〉
交代《こうたい》 ⇩ 交代《こおたい》 〈KOUTAI ⇩ KOOTAI〉 ＝〈OU ⇩ OO〉

ローマ字と仮名文字の違い

ABCのようなローマ字を音素文字と言う。調味料の「味の素」同様、「音の素」を表す文字ということである。それに対して、仮名文字（カタカナ・ひらがな）は音節文字である。〈アイウエオ〉だけは音素なので母音と言い、他の音は音素である母音に子音を合わせて〈カ・サ・タ・ナ・ハ・マ・ヤ・ラ・ワ〉各行の音を構成する。

〈カキクケコ〉ならK音に〈AIUEO〉の各母音を合わせて〈KA・KI・KU・KE・KO〉となる。サ行ならS音に同様の操作をする。このように音素が合わさって音節ができているので、音節文字の連接の変化を考えるには、カナ文字を音素文字に分解してみると、そのつながりや省略場面が一目瞭然となるわけである。

▼自称「わたくし」の方言的変化（省力化）

WATAKUSI　わたくし
WATAKUSI　わたし
WATAKUSI　わたい
WATAKUSIE　わて
WATAKUSI　わし
WATAKUSI　わい
WATAKUSI　あたし
WATAKUSI　あたい
WATAKUSIE　あて
WATAKUSI　あっし
WATAKUSI　あい

会話が求める省エネ言葉

言葉をなるべく省略する例では、よく東北の「どさ」、「ゆさ」という会話が引き合いに出される。これは単語の発音上の省略に加えて、ひとつながりの文そのものを、なるべく短くしようとするものである。雪国では寒さから身を守るために、会話で発散するエネルギーを、最小のものにしたいという思いから、「どこへ行く」という問いかけが、「どさ」となり、「湯入りに行く」という答えが、「湯さ」になるというのである。会話は共通に理解していれば、最小の言葉で通じるというわけである。その行き着くところが、「目は口ほどにものを言い」と言うところだろうか。

カシャーザー、タケンテーラなどに見るように、地名はたいがい土地の方言で呼ばれている。地名も生活に密着しているために、方言という省エネ言葉からは、逃れる事ができなかったのである。

第二章　切っても切れない地名と名字

地名から名字へ・名字から地名へ

宮前という地名や名字＝苗字がある。地名ならどんな場所か大体見当がつく。八幡様か、諏訪神社か、稲荷様、あるいはその土地のかなり有名な神社の前の土地のことだろう。名字はその土地の出身者であることを示している。

日本一という地名が福島県郡山市湖南町にある。湖南町はその名の通り、猪苗代湖の南岸に位置し、その船津という土地の小字が日本一である。船津も船着き場を言う地名だから、この辺りは水に恵まれている土地だろうことは見当がつく。その昔、二本松藩主丹羽公に、ここで生産された米を献上したところ、お殿様が「これは美味い。日本一の米だ」と言ったことから、この土地は日本一と呼ばれるようになったのだと、言い伝えられている。こんな名字があったとしたら、なんと誇らしいことだろう。

この土地の、鎌倉時代の作という観音像を祀るお堂は、『日本一観音堂』の看板を掲げている。安永四年（一七七五）の造立という、なかなか立派なお堂である。

ところで、「一」という名字を御存じだろうか。熊本県、福岡県、新潟県辺りに多いというが、読み方はイチ、イチモンジ、ハジメまではいいとして、カズと言われるとなるほどと思い、ニノマエと聞くと、一呼吸おいてから納得して、笑いだす人が多い。そうなると、二はサンノマエということになるが、そういう地名や名字は知らない。

「小鳥遊」という名字が、和歌山県中心にごく少数ながらあるという。天敵の鷹がいないので、小鳥がのんびりと遊んでいるという意味で、「タカナシ」と読むという。小話のようだが、その成立は歴史的事実として、江戸幕府が編纂した、大名旗本の家譜集『寛政重修諸家譜《かんせいちょうしゅうしょかふ》』（一八〇一）にも記載されているという。

清和源氏の系統を引く高梨盛光《たかなしもりみつ》は、北信濃の高井郡の領主であり、前九年の役にも出陣した記録がある。四人の子どもの分家に当たり、当然のことながら、長男には高梨姓を継がせ、次男にはタカナシをもじって「鳥楽」の姓を与えた。三男には、これも同じ意味で「小鳥遊」の姓を与える。四男には領土の仁科＝長野県大町市から安曇野辺りを与えて、その姓を名乗らせた。

その通りだとすると、実在する小鳥遊を名字とする人たちは、その三男の子孫ということになる。ともあれ、遊び心に満ちた楽しい名字である。

埼玉県横瀬町に「けんむし坂」と呼ばれる坂道がある。戦国時代、坂の上には、小田原北条氏の北武蔵の支城・鉢形城の出城である、根小屋城があった。城主の名は渡辺監物《わたなべけんもつ》。天正一八年（一五九〇）、秀吉の小田原攻めに連動して、鉢形城も落城の運命に遭い、その使いが根小屋城に馬を走らせた。息せき切って駆け付けた使者がこの坂に差し掛かって、あと一息と思った時、突然、大きな毛虫がはい出してきて道を塞いだ。使者は馬上でムチを振るい、ようやく毛虫を追い退けて、城に駆け上がった。

それを見ていた村人が後で毛虫を計ってみると、計六四《けむし》の重さは一〇貫目＝約四〇キロもあったという。以来、ここはけんむし坂と呼ばれるようになったという話だが、監物などという馴染みのない名を、村人たちは身近にいるケンムシと聞きなして、こんな伝説を生み出したという事だろう。その土地に住んだ人物の名が、地名になるのもよくある事である。

今、姓名というと、名字＝苗字と名前のこと。英語では名前を先に書くから、ファーストネームといい、名字は後に書くのでラストネームという。名字は家族全体のものなので、ファミリーネームともいう。

名字の発生は平安中期以降の事だという。この頃になると氏と姓は実質的な意味を失い、ほとんど同一視されるようになる。それが進んで、今では氏も姓も名字も、ほとんど同じ意味で使われている。これまで氏姓を名乗っていた貴族や武士は、自分の家を他と区別するために、氏姓の他に名字を名乗るようになる。

源・平・藤・橘を代表とする氏名《うじな》は、いずれも皇族が皇室を離脱して、臣下に降りるときに下賜されたり、功績を愛《め》でられて贈られたりしたものである。桓武《かんむ》天皇の血筋を引く桓武平氏《へいし》とか、清和天皇につながる清和源氏《せいわげんじ》などは、皇族直系の名家ということになる。代を重ね、家流が幾つにも広がっても、その誇りある氏名を手放すものはないため、時代を追うにつれて、その氏名はどこまでも広がっていった。

氏の名はどれだけ広がっても、一族の大きな括りを示すものになって、どこへ行っても同じ氏名にぶつかることになる。そこで平安中期頃から同じ氏でも、他家と区別し、自分の家をはっきりさせるために、家名を名乗るようになった。そこには大体領地の地名を取り入れた。名字の始まりである。

江戸時代になると、源平藤橘の系統といっても、かなり怪しいものが多くなった。その頃、名字を苗字と表記する事が流行り出した。苗は植物の種から芽を出したばかりのものをいうが、血統・血筋の意味ももつ。それから現代まで名字と苗字は並行して用いられてきたが、当用漢字で苗の字をミョウと読むことを外されたために、今では名字の方が多く用いられている。しかし、慣用として苗字も普通に使われている。

名字が増えたわけ

鎌倉時代の武家社会になると、一所懸命という言葉が示すように、所有する土地の広さが力の源泉だったので、武士にとって土地は命だった。武士が所有する土地を名田と言った。武士たちが自分の所領を示すために、その地名を名乗ったのが名字である。名字の「字」は「あざな」といって、人のもっている通称である。後で述べるが、武士はほとんど実名は名乗らず、対外的にはふつう字名＝通り名を使っていた。地名と所有者の通称を合わせたものが、名字と呼ばれるものである。

分家する時には一定の土地を分割して与えるから、分け出された者は新しい領地の地名を名乗ることになる。こうしてたくさんの名字が生まれることとなった。

任地替えされた時も同じである。秩父氏を名乗っていた秩父平氏の重忠が、畠山の庄司に任命されてから、畠山庄司重忠と名乗ったことは知られているところである。

「平将門」はなぜ「平ノ将門」と呼ばれるのか

氏の名は同族の大きな括りであって、個人のものではない。したがって、名乗る時には藤原ノ鎌足とか、安倍ノ晴明・平ノ清盛・源ノ義経というように、所有を表す助詞の「ノ」を入れる。それに対して、名字は自分の家だけの、ファミリーネームだから、足利尊氏・織田信長・徳川家康というように、「ノ」は必要ないのである。

武家社会で名字が一般化すると、氏名は朝廷などとの公式な場面や、公文書でしか使わないようになっていく。ふだんは足利尊氏と言っているのだが、朝廷に差し出す公文書となると、きちんと氏名を冠して、源尊氏と署名するということになる。

そうなると、ほとんど氏名を名乗る機会のない武家などは、やがては自分の出自が分からなくなっていく。信長は戦国大名の織田家に生まれたから、藤原氏の系統である事は分かっていたようだが、武家の面目から平氏を名乗ったと言われている。

家康の家系ははっきりしていないが、後に書かれた『三河物語《みかわものがたり》』(一六三二頃)によると、実父・松平親氏《まつだいらちかうじ》は、現群馬県太田市にあった、新田荘世良田村《にったのしょうせらだむら》の得川郷《とくがわごう》に生まれ、出家して諸国を遍歴しているうちに、三河国=現愛知県の松平郷で、後継ぎがいなかった土豪・松平家の娘婿となって松平家を継いだ。

松平家が源氏の系統であったかどうかは分からないが、家康は勝手に源氏を名乗っている。当時の武家は、家名の権威付けに、武門の名家である源・平のどちらかを祖として名乗ることが多かった。

秀吉は百姓の出なので氏名など先祖に求めようもなかった。そこで朝廷から豊臣の名を下賜されて、豊臣朝臣《とよとみのあそん》羽柴《はしば》筑前守《ちくぜんのかみ》藤吉郎《とうきちろう》秀吉《ひでよし》と名乗った。

また、一般庶民は、生まれ育った村や、居住する土地の名を付けて呼ばれるのが普通だった。今でも川越（市）の伯父さんとか、熊谷（市）の伯母さん、遠ければもっと大雑把に鹿児島（県）の叔父さんなどと言うが、その感覚である。宮本（村）の武蔵《たけぞう》・清水（港）の次郎長・大前田（村）の英五郎などがその例である。

平氏の源流

平氏の源流は皇族の高望王《たかもちおう》が、平安京を作った桓武天皇から、平の氏姓を与えられて臣籍に下ったことから始まる。臣下になった平高望が、上総介《かずさのすけ》となって今の千葉県に着任したのは、昌泰《しょうたい》元年（八九八）のことだった。高望王は土着して、多くの子孫とともに坂東に勢力を広げた。これが平氏の祖となって、高望王流桓武平氏とか、坂東平氏と呼ばれることになる。

高望王の側室の子・良文《よしふみ》も、父と共に坂東に下り、その子孫が各地を拓いて、平氏の地盤を拡げていく。後に坂東八平氏と称された氏族は、そろって良文の流れを汲むものである。時代や年代によって浮沈があり、多少の氏族の入れ替わりもあるが、一般的に言われる八平氏とは、千葉氏《ちばし》・上総氏《かずさし》・三浦氏《みうらし》・土肥氏《どひし》・秩父氏《ちちぶし》・大庭氏《おおばし》・梶原氏《かじわらし》・長尾氏《ながおし》の八氏族である。

高望王の長男・国香《くにか》も父に従って常陸国《ひたちのくに》＝現茨城県に地歩を固めていた。ところが親族同士の内紛で、国香は甥の平将門《たいらのまさかど》に殺される。そこから新皇を名乗った将門の乱が、東国に展開されることになるのだが、国香の子・貞盛《さだもり》は、追討使《ついとうし》として京から派遣された、藤原秀郷《ふじはらのひでさと》とともに将門を討つ。時を同じくして、西では瀬戸内海で藤原純友《ふじはらのすみとも》の乱が起こる。揺らぎはじめていた律令国家の根幹を突き崩すような、この二つの反乱を、承平天慶《しょうへいてんぎょう》の乱と呼ぶ。

将門を討った貞盛は、その功により正五位上右馬介《うまのすけ》＝右馬寮《うめりょう》（諸国から貢納される官馬を司る役）の次官に叙せられ、京では平氏の嫡流よ、平将軍よともてはやされるほどの人気を得た。その四男の平維衡《たいらのこれひら》が伊勢守《いせのかみ》に任ぜられて、伊勢平氏の祖となる。その子や孫も宮廷に出入りして、次第に伊勢平氏の勢力を伸ばしていった。維衡から数えて五代めの孫が平清盛である。

源氏の源流

清和天皇の子孫・経基王《つねもとおう》が源朝臣の姓を賜って臣下に下ると、その子、満仲《みつなか》・満政《みつまさ》が鎮守府《ちんじゅふ》将軍《しょうぐん》となる。武力を貯えたその一流は諸国に分かれて栄え、各地で源氏を名乗る武士団の棟梁《とうりょう》となっていった。特に、頼義・義家は前九年の役・後三年の役で活躍して、東国に源氏の地盤を確立した。

崇徳上皇と後白河天皇の対立に、貴族たちも両派に分かれて、保元の乱が起こる。これは、天皇方が有力な武士団の棟梁である、源義朝と平清盛を味方に付けたために、わずか二～三時間の合戦で決着がついた。

この戦いは、武士が政界に進出するきっかけになる。だが、この恩賞には差があった。宮廷内の陰然たる争いの中で、急に台頭した勢力につながる清盛は出世を遂げ、義朝は低い地位にとどまったままだった。

台頭する一派に不満を持つ宮廷内の貴族たちは、義朝と組んで平治の乱を起こす。保元の乱では協力して戦った義朝と清盛は、ここでは激しく争うことになる。源・平両軍は内裏付近で激突した結果、清盛側が大勝して、義朝は首打たれ、その子頼朝は伊豆に流される。

清盛は昇殿して太政大臣にまで上り詰め、「平家にあらずんば、人にあらず」とまで言うほどの、平家全盛の世を作る。ここで「平氏」ではなく「平家」と言っているのは、清盛の地位に関係すると言われている。

宮廷内では、藤原氏は藤家・菅原氏は菅家と呼ぶのが慣例だった。それに倣って、貴族の最高位に立った清盛は、武士ではあるが、貴族待遇として平家と呼ばれたというわけである。したがって、清盛一統以外の平氏は、平家とは言わない。

清盛に敗れて一時衰退した源氏は、やがて鎌倉で立った頼朝が、中央の平家から軽んじられて不満を持つ、坂東の平氏までも味方に付けて、奥州から駆けつけた弟・義経の奮闘もあって、平家を滅亡させる。

しかし、壇ノ浦の合戦の勝利によって、華々しく復活を遂げた源氏ではあるが、頼朝が弟の義経を排除した事もあって、その正統は、頼朝・実朝の死によってあっけなく終わった。

源・平を名乗る後世の武将

中世を彩った源・平合戦の絵巻は、後の武士たちに大きな影響を与えた。その高名にあやかるために、後世の武士たちは、自家の系図の祖を、源・平のどちらかに紐づけようと苦心した。多くの武士たちが、出自を源氏か平氏としているのはそのためである。

補足すれば、源氏姓を臣下に与えた、第五六代・清和天皇は、平姓を生み出した、第五〇代・桓武天皇の玄孫に当たるので、そこからみれば、源氏も平氏も皆、桓武天皇の子孫となるわけである。

古代の氏は

源氏も平氏も天皇から賜った姓だが、もっと遡った古代の氏はどうだったのだろうか。古代の氏といえば、蘇我氏《そがし》や平群氏《へぐりし》・巨勢氏《こせし》・葛城氏《かつらぎし》などの名が浮かんでくる。これはいずれも古代王朝を支えた豪族で、基本的には居住地の名を名乗っている。また、大伴氏《おおともし》・物部氏《もののべし》・土師《はじ》氏《し》などは、古くから王朝に仕えてきた職能集団で、名はその職能に由来する。

古代王朝はこれら氏族の連合体である。四世紀以前には、各地方ごとに豪族＝王がいて、その地を支配していた。豪族は血縁関係のある一族と、所有地＝田荘《でんそう》を耕作する部曲《かきべ》や奴婢《ぬひ》と呼ばれた私有民を擁していた。これを一括した名称が氏である。

四世紀になると、それが幾多の競合を経て、畿内《きない》＝都を囲む五〇〇里四方の天子の直轄地という、中国の制度を模したもので、山城（京都）・大和（奈良）・河内（大阪）・和泉（大阪）・摂津（大阪と兵庫の一部）に基盤を置く大王家＝天皇家がその頂点に立ち、絶大な権力と権威を持つようになる。大和政権の成立である。それを支えて政権運営に当たったのが、実力や職能を持つ豪族たちである。

氏姓というが、姓はカバネといい、氏《うじ》の身分や地位を表すランク付けである。早くには大王家と並び立つほどの力を持ち、その後、大王家を支えてきた中央氏族の姓を臣《おみ》といい、職能を以て仕えてきた、大王家の官人のような立場の氏族が連《むらじ》である。さらに地方の豪族は、政権との関係の深さや、政権の評価による地位ごとに、君《きみ》・直《あたい》・造《みやつこ》・首《おびと》・史《ふひと》・県主《あがたぬし》・村主《すぐり》などの姓が与えられた。国造《くにのみやつこ》などはよく耳にする呼び名である。

臣の姓を持つ氏族の代表を大臣《おおおみ》といい、同じく大連《おおむらじ》といった。大臣と大連が政権の中心となって、大王を補佐して政治を執り行った。

『日本書紀』（七二〇）によると、最初の大臣は武内宿祢《たけうちのすくね》で、その子孫の平群氏・巨勢氏・葛城氏・蘇我氏らが継承した。六世紀半ばの五八七年、崇仏派の大臣・蘇我馬子《そがのうまこ》は対立する排仏派の大連・物部守屋《もののべのもりや》を討ち、大連制を廃止する。以来、大臣の蘇我氏が政権を独占。六四五年、権勢をふるった蘇我蝦夷《そがのえみし》・入鹿《いるか》親子が、中大兄皇子《なかのおおえのみこ》らに滅ぼされ、大臣制は廃止となる。いわゆる大化の改新である。

氏姓制度を変えた大化の改新

大化の改新によって、大和王朝時代の氏姓制度は廃止され、新しいものになる。その新制度が確立したのは、天智天皇＝中大兄皇子六六四年の『甲子宣《かっしのせん》』による。

これは豪族たちに与える一九の階位＝冠位一九階制を二六階制に増やして、地方豪族が朝廷に出入りする機会を増やし、公地公民制度を緩めて、豪族が私的に支配する民部《かきべ》を公認するなど、豪族を懐柔しながら、政権への帰属意識を引き締めることを目的とした、内政改革宣言である。

それが発出された理由は、その一年前に、百済を助けるために出陣した、白村江の戦いで、新羅と唐の連合軍に大敗したことによる。強引とも言えるほどの勢いで推進された、大化の改新の公地公民制度によって、豪族たちは私有地の全てを取り上げられた。その不満の上に、海外まで大動員された戦いの、手痛い敗北である。

『甲子宣』は、天皇と、その右腕であった中臣鎌足《なかとみのかまたり》との合作による、豪族たちの不満のガス抜きだった。そのガス抜きによって、新しい氏姓制度が始まることになる。だが、それは複雑であり、かつ、次々と改正やら微調整が行われていて、それを見ることは本書の目的ではない。ただ、古い氏姓制度はここで廃止にはなったものの、当時の記憶だけは長い歴史の中でずっと尾を引いていた事だけは確かである。

最大の「藤」姓の元祖＝中臣鎌足

日本の名字のなかで一番多いのは佐藤姓で、全国合わせて三四万四千余世帯に上るという。次いで伊藤姓が一九万一千余、加藤一四万九千余・斎藤九万四千余・後藤六万七千余、そして近藤・遠藤と続くという。

トップテンを占める名字に皆、藤が付くことに気づくが、その元祖を辿ると、大化の改新に功績のあった、飛鳥時代の豪族・藤原鎌足《ふじはらのかまたり》に行きつくという。

鎌足は、大和国奈良高市郡の藤原に生まれる。父は朝廷の大臣《おおおみ》・大連《おおむらじ》に次ぐ太夫《まえつぎみ》という地位にある学者で、宮廷の神事を司る豪族だった。鎌足も幼い頃から学問に励み、一九歳の時、奈良の飛鳥寺で蹴鞠《けまり》に興じていた中大兄皇子＝後の天智天皇が、鞠と共に飛ばした靴を拾って捧げた事から、信頼関係が生まれ、当時、天皇をもしのぐ権力を得て、専横の限りを尽くしていた、蘇我氏打倒の計画を練ったという話は有名である。

六四五年、飛鳥板葺宮《あすかいたぶきのみや》で蘇我蝦夷・入鹿父子を討って、蘇我氏を滅ぼした事件を乙巳《いっし》の変と言うが、その後、中大兄皇子は皇太子となり、鎌足は内臣《うちつおみ》となって政務の中枢を司り、二人は政治の改革に乗り出した。その総仕上げが大化の改新である。

大化の改新の四つの柱は次の通りである。

第一条　公地公民制《こうちこうみんせい》　豪族が支配していた土地や人民を、全て国＝天皇のものとする。

第二条　国郡制度《こくぐんせいど》　全国を六〇ほどの国に分け、その国内を幾つかの郡に分ける。国は朝廷から派遣された国司が治め、郡は地方の豪族を任命して、地方行政制度を整える。

第三条　班田収授法《はんでんしゅうじゅのほう》　戸籍を作り、それに応じた面積の公地を、公民に貸与する。戸籍は六年に一度改める。

第四条　租庸調制度《そようちょうせいど》　税制度として、租＝口分田で収穫した稲の一定率を納める。（四公五民・五公五民など）。庸＝年間に一定の日数を、公共事業に従事する。調＝地域の特産物を貢納する。

その目的は、天皇中心の律令国家＝中央集権の国を作り、豪族の力を削いで、法律に基づいて朝廷に従属させることである。

中大兄皇子が第三八代・天智《てんじ》天皇に即位した（六六二年）後も、鎌足はこれを支え、朝鮮半島への勢力拡大を目指して、百済救済の名目で大軍を送るが、白村江の戦いで敗北を喫し、以後、国防と内政の充実に力を注いだ。

中臣鎌足は、二〇歳年上の天智天皇が、中大兄皇子と称していた頃から、博《ひろ》い学識で以って仕え、諸事業を成功させてきた功績により、死の直前に、天皇から生誕の地の名に因んで、藤原姓を贈られた。これが後の藤姓の基となる。

政略結婚で固めた藤原氏の基盤

藤原鎌足の長男は幼くして亡くなり、次男の不比等《ふひと》が法律学を学び、三一歳にして初めて刑部省《ぎょうぶしょう》の判事に就任して、下級役人となる。任官は遅かったが、法学の手腕を振るい、大宝律令の制定に尽力して、政治家としての地位を確立する。

朝廷では皇位継承について、様々な利権が絡んで、それぞれの立場から権謀術策が巡らされていた。不比等は軽皇子《かるのみこ》を推して、皇子が第四二代・文武《もんむ》天皇として即位すると、娘・宮子を嫁がせ、天皇との外戚関係になることに成功する。

当時の慣行として、生まれた子は、妻の実家で養育することになっていた。宮子が産んだ首皇子《おびとのみこ》は、外祖父の不比等の影響を受けて育った。

やがて首皇子は、不比等の娘・光明子《こうみょうし》を嫁に迎え、二人の間には、後の孝謙《こうけん》・称徳《しょうとく》天皇になる皇子が生まれるが、首皇子も後に第四五代・聖武《しょうむ》天皇として即位する。

聖武天皇の皇后を巡っても、朝廷内では色々な駆け引きがあったが、不比等の子・武智麻呂《むちまろ》・房前《ふささき》・宇合《うまかい》・麻呂《まろ》の四兄弟が、そろって宮廷内で権力を握り、協力して政敵・長屋王《ながやおう》を自害に追い込み、異母兄弟の光明子を初の民間出身の皇后にすることに成功した。

不比等の子ら四兄弟は、それぞれ「南家」「北家」「式家」「京家」を興して、代々重職を担ってきたが、九世紀半ばになると、北家の藤原良房《ふじはらのよしふさ》が台頭する。良房は妹・順子を五四代・仁明《にんみょう》天皇に嫁がせ、そこで生まれた道康《みちやす》親王を皇太子にすると、今度は、自分の娘・明子《めいし》を通泰親王に嫁がせる。

通泰親王はやがて五五代・文徳《もんとく》天皇に即位。明子との間に惟人《これひと》親王が生まれると、外祖父となった良房は、惟人親王を九歳で五六代・清和《せいわ》天皇として即位させ、自分は補佐役として摂政となる。

これが平安時代を通して藤原氏が独占して、ほしいままに政治を執り行った、摂関政治の始まりである。因みに、摂政は良房のように、幼い天皇を補佐する役であり、関白は成人した天皇の代役のような立場で、実質的な朝廷の最高権力者である。

良房の兄・長良《ながら》も、娘の高子《たかいこ》を五六代・清和天皇に嫁がせ、その子・貞明《さだあきら》親王を、九歳で五七代・陽成《ようぜい》天皇に即位させ、弟・良房の養子・基経《もとつね》を摂政に押し立てる。その基経は、五八代・光孝《こうこう》天皇の時に、初めて関白に就任する。

このように、古代朝廷内のすさまじい政権争いを勝ち抜き、藤原氏の権力の基盤を固めたのは、不比等の手法を受け継いだ、藤原一族の近親結婚をも厭わない、天皇家に対する政略結婚によるものだった。

平安の貴族文化も藤原氏から

平安時代の貴族たちは和漢の教養が求められ、朝廷を基盤にした女流文学が花開き、勅撰和歌集や、漢詩文集が編纂された。中流貴族である紀貫之は歌人として活躍する一方、カナ文字の『土佐日記』(九三五)の叙述を試み、凡河内躬恒は下級貴族の身でありながら、和歌の世界では高級貴族に伍して名を成した。

摂政関白につながる藤原一族は、朝廷の重職を独占して、政治的影響力を駆使すると同時に、文化的にも大きな役割を果たしている事も見逃せない。例を挙げれば、小倉百人一首のなかには、藤原の姓をもつ歌人が三四人もいる事である。

膨張した藤原氏の爆発

朝廷の官位・官職は限られている。しかも、高位・高官となると、世襲を繰り返すので、藤原氏が増えると、新しい家は地方官として下向することになる。地方に下った藤原氏は、都での昇進を諦めると、地方の豪族と手を結んで、そこで勢力を広げる事を目指す。

その結果、どこを向いても、誰と会っても藤原姓ということになる。そこから、互いの差別化を図るために、支配地の地名を名乗るようになった。しかし、都で権勢を誇る藤原一族の出自であることは残すために、加賀国《かがのくに》の藤原氏は加藤と名乗った。加賀国の藤原である。伊勢《いせ》の藤原は伊藤・近江《おうみ》は近藤・備後《びんご》は後藤・遠江《とおとうみ》は江藤・周防《すおう》は周藤、安芸《あき》なら安藤である。

朝廷直轄の役職についている一族も、世襲で地位を守るとしても、次男以下の者は地方に出向する者も多い。その場合、地方に在っても、本家との繋がりを誇示するために、家の世襲の役職名を名乗った。

天皇家のお世話をする内舎人《うどねり》の藤原は内藤で、左衛門尉《さえもんのじょう》の藤原は左籐・佐藤、武者所《むしゃどころ》なら武藤である。

天皇家の氏神である伊勢神宮には、天皇に代わって神事を司る皇女がいた。これを斎宮《さいぐう》といい、これに仕えるのが斎宮頭《さいぐうのかみ》である。そこから斎藤姓が生まれた。

日本の姓の最多を誇る佐藤姓は、二つの系統から成っている。一つは、宮廷の諸門の警護や、天皇の行幸のお供をする、衛門府《えもんふ》から出ている。衛門府には左・右があり、当時の慣習から左を上としていたので、右藤より左籐の方が圧倒的に多い。両者は嘉字を当てて、多くは佐藤・宇藤を名乗っている。

もう一つの流れは、佐野に根を張った藤原氏である。この二流があるために、佐藤姓がトップに躍り出たということである。

中臣鎌足が藤原姓を賜ったのが、天智天皇六六九年の事、藤原氏の摂関政治の終焉が、治暦四年（一〇六八）とされているので、その間約四〇〇年は、藤原氏が政権の中枢を担っていたことになる。その間に、藤原一族は全国各地に拡散し、根を張った。

つまり、藤の付く姓が全国に無数に存在するのは、膨張し過ぎた藤原氏の爆発・飛散した結果と言えるのである。

ただし、藤が付く名字でも、必ずしも藤原氏の出自とは言えない場合もある。もともと藤原氏が、鎌足の生家のある藤原地名から始まったように、他の藤の付く地名から発した名字もあるということである。藤田・藤岡・藤沢など、藤原同様に藤を頭に置く地名は各地にある。

知人にどれだけいるか、藤の付く名字

藤原地名から発した藤の付く名字は、様々に分岐して、日本最大の名字になった。次に挙げるのはその全てではないが、自分の周りにはどれだけいるだろうか。かつての友人・知人・小中学校などの同級生から、現在の友人・知人・会社の人たちや、地域の人たちまで、覚えのある名字を丸で囲ってみよう。こうして、自分を取り巻く藤姓を、確認してみるのも一興だろう。

なお、例えば神藤のように、同じに書いても、シントウ・シンドウ・ジンドウ・カントウ・カンドウ・カナフジなど、色々な読み方をする姓も多い。その場合、どんな読み方をしても、神藤を丸で囲むこととする。

ア行……阿藤・秋藤・安藤・磯藤・伊藤・井藤・依藤・犬藤・今藤・岩藤・印藤・上藤・宇藤・羽藤・江藤・衛藤・恵藤・栄藤・遠藤・円藤・大藤・奥藤

カ行……数藤・加藤・嘉藤・海藤・皆藤・角藤・嘉藤田・萓藤・関藤・紀藤・木藤・鬼藤・清藤・葛藤・工藤・国藤・源藤・古藤・小藤・五藤・後藤田・古藤田・後藤・近藤・金藤・紺藤・権藤

サ行……佐藤・左藤・斎藤・坂藤・紫藤・志藤・重籐・繁藤・篠藤・柴藤・嶋藤・首藤・

主藤・周藤・寿藤・白藤・新藤・信藤・進藤・神藤・春藤・俊藤・須藤・末藤・瀬藤・正藤

タ行……高藤・竹藤・谷藤・為藤・団藤・常藤・藤堂・藤間・富藤・伴藤

ナ行……内藤・長藤・永藤・丹藤・仁藤・西藤

ハ行……秦藤・早藤・半藤・兵藤・広藤・藤井・藤居・藤家・藤泉・藤生・藤浦・藤江・藤枝・藤尾・藤岡・藤垣・藤掛・藤曲・藤方・藤形・藤ヶ谷・藤兼・藤川・藤木・藤久保・藤倉・藤越・藤坂・藤崎・藤咲・藤里・藤沢・藤重・藤島・藤嶌・藤下・藤白・藤城・藤代・藤末・藤瀬・藤関・藤園・藤田・藤滝・藤武・藤館・藤谷・藤塚・藤東・藤富・藤中・藤永・藤並・藤浪・藤縄・藤沼・藤根・藤野・藤埜・藤橋・藤畑・藤花・藤林・藤原・藤平・藤前・藤巻・藤牧・藤松・藤丸・藤満・藤峰・藤宮・藤村・藤邑・藤本・藤元・藤森・藤社・藤屋・藤山・藤吉・藤寄・淵藤・太藤・分藤・本藤・藤和・藤渡

マ行……政藤・松藤・丸藤・萬藤・美藤・宮藤・武藤・宗藤

ヤ行……山藤・吉藤・米藤・寄藤

ワ行……若藤・和藤

第三章　言霊の宿る人の名前

実名は他人には教えない

『万葉集』三五〇〇首もある歌の、最初の一首はいきなり雄略天皇の求婚の歌である。野原で若菜を摘んでいた少女を見かけて、天皇は歌いかける。「かっこいい籠とかわいいシャベルを持って、この岡で草摘みをしている娘さんよ、あなたの家はどこなの。名前はなんていうの。教えなさいよ。この大和の国はすべて私が治めているんだよ。だから、私にだったら教えてくれるだろうね。あんたの家をも、名をも」。

「天皇の御製歌《おおみうた》」と題したこの歌は、編集上は「雑歌《ぞうか》」の部類に位置付けている。今の若者言葉でいえば「ナンパを張っている」ようなこの歌も、天皇の御製ということなので、恋の歌を含む「相聞《そうもん》」の部類に入れるのは憚られたのだろうか。

万葉の部立ての「雑歌」とは、行幸《ぎょうこう》・旅・宴会その他、色々な歌を集めたのものである。これが雑歌とすれば、行幸、それは和語なら御幸《みゆき》とも言って、天皇が外出することだから、これは外出先の出来事という位置づけになる。

古来、日本には根深い言霊信仰《ことだましんこう》があった。『萬葉集』にも「大和の国は……言霊の幸《さき》わう国」（巻五・八九四）と歌われているように、言葉には霊魂が宿り、寿詞《よごと》を唱えれば好事があり、禍言《まがごと》を言えば凶事が起こると考えられていた。

人の名にも霊魂が宿っていた。他人に名を知られることは、丸ごと支配される事だった。うっかり名を知られると、呪い殺されることもあった。時代劇映画などで、護摩《ごま》を焚《た》いて相手を呪ったり、夜、秘かに、憎い相手の名を記した人形を、神社のご神木に打ち付ける、呪い釘の慣習などは、その思想を引きずったものである。

これも『萬葉集』巻一二・三一〇一の作者不明の歌だが、意訳すると、「紫を染めるには灰が要るよね。それには椿《つばき》を燃やした灰がいいというけれど、椿という名の市がある。その海柘榴市《つばいち》で出会ったお嬢さんよ。僕と結婚してくれないか。名前を教えてよ」。

声掛けられた娘さんが、直ちに返したのが、三一〇二の歌である。「優しいお母さんが、いつも私を呼んでいる名前を、教えてあげたいとは思うけれど、名前って、永遠の愛を誓い合った人にしか、教えないものなのよ。行きずりの、誰とも知らないあなたに、教えるわけにはいかないわ」

海柘榴市は奈良県桜井市金屋にあった、古代三大市の一つと言われ、幾筋かの陸路と水路の交わる、交通の要衝であったことから、大変賑わった。ふだんでも出会いの場だったが、春秋二回、若い男女が結婚相手を求めて集う、歌垣《かがい》も行われた。

歌垣とは、集まった男女が輪になったり、二組に分かれたりして、踊りながら、互いに即興の歌を掛け合い、意気投合する相手を見つける、いわば集団見合いの行事である。

そのような場だから、娘の返し歌の「……誰とも知らないあなたに、名前を教えるわけにはいかないわ」には、「だから、あなたの方が先に名前を教えてくださいよ」という含みがあったのかもしれない……、などという思いも湧いてくる。

ともかく、この問答歌は、男が女に名前を尋ねることは求愛を意味し、名前を明かす事は、結婚の承諾を意味していることを示している。このように、実名は親しか知らないもの、結婚すれば夫婦の間でしか知らない、大事な魂だった。

武家社会でも実名はマル秘

それは武家社会になっても続いていた。そこで、生まれると、とりあえず幼名が付けられる。義経の牛若丸や、秀吉の日吉丸などは知られているところである。幼名で呼ばれるのは元服まで。成長して一人前の男として認められると、元服の儀式を行う。この時初めて実名＝本名を付ける。

これを諱《いみな》と言った。これはもともとは中国の言葉だった。中国にも名前には霊が宿るという考え方は古くからあり、本名を呼ぶ事は禁忌とされていた。そのために皇帝や主君の名に使われている文字さえも、名や土地に使う事は憚られ、領主が変わると、その名と同じ名の場合には文字を変える事まで行われた。これが言霊信仰と結びついて日本にも受け入れられ、平安時代にその慣行が浸透し、武家社会にも行き渡った。家系を誇る高家・名家では、諱に一般が憚るはずの先祖の名の一字を代々継承して、正統な後継者である事や、その家系の一員であることを示すという慣行があった。これを通字《とおりじ》といった。

主君や信頼する上司に、後見人になってもらう意味で、その名の一字をもらって名に付けることもあった。徳川家康は元服するときに、今川義元から元の字をもらって、元康を名乗った。このように一字をもらう事を「偏諱《へんき》」をもらうと言った。一字を授かった人を名付け親と言って、実の親にも勝る信頼関係を結んだ。信長から長の字をもらった武将に、黒田長政・浅井長政・浅野長政がいる。

諱は途中で変える事もあった。今川義元から偏諱を受けて元康と名乗った、後の家康は、桶狭間の戦いで今川を見限ってから「元」を捨て、出自の松平家で代々受け継いでいた「家」を採って、家康と改名した。詳しくは後述するが、上杉謙信は二回も変えている。

実名・本名が決まっても、それは諱＝忌み名なので、親や主君にしか知らせず、むやみに明かすことはなく、知っても他人は諱で呼ぶ事はしなかった。

『義経記』（一四一一頃）の「頼朝義経対面の事」の段では、頼朝の旗上げを知った義経が、奥州からわずかな手勢を引き連れて、はるばる頼朝の陣に馳せ参じる場面がある。義経はすでに陣を進めていた頼朝を追って、ようやく駿河国の千本松原で追い付くことができた。頼朝は迫って来る義経の白旗を見て不審に思い、家来の堀弥太郎を使いに出す。弥太郎は義経の前に出て、この白印は一体どなたでと問うたうえで「本名実名を確かに承り候へ《お聞きして参れ》」と鎌倉殿の仰せにて候《でございます》」と告げる。

ここで言う本名とは、幼名の事だろうというが、このような緊迫した事態でなければ、実名＝諱を問う事はしない。このような場合でも、頼朝の事は「鎌倉殿」である。義経は、鎌倉殿も御承知でしょうが、「童《わらわ》が名は牛若」と幼名を名乗って、「近年、奥州に下向していた」が、兄の旗上げを知って、駆けつけたと話す。それを聞いて、いつも冷静だった頼朝は、周囲が驚くほどの喜びようで、兄弟、涙の対面を果たす。

この場合は、二人が幼くして別れたために、知っているのは幼名だけだったろうが、成人すると、実名＝諱の他に、通称として字名《あざな》＝仮名《けみょう》を付けた。

平安末期の武者で、前九年の役に父・頼義に従って勇名を馳せた、八幡太郎義家がいる。清和源氏の出自なので、正式には源義家である。幼名は源太。源氏を意識しての命名だと分かる。七歳の春、石清水八幡宮で元服したので八幡太郎を字名として、父の義の一字を継いで義家を諱とした。

ふつう、八幡太郎というように、一般名称は字名であって、正式に言うときにだけ、姓＋諱で源義家と言う。因みに、義家の家系は清和源氏の一流で、河内国＝現大阪府の一部を根拠地にしていたために、他と区別して、河内源氏と呼ばれていたが、義家が絶大な地歩を築いたので、一般に源氏というときには、この系統を指すようになった。

諱《いみな》で滅亡した豊臣家

信仰心が強く、仕来りを重んじた武家社会では、諱への思いも強かった。そのため、たとえ知っていたとしても、相手を諱で呼ぶことはしない。漫画などでは、足軽でも「信長さま」などと呼びかける場面があるが、当時だったら、即打ち首である。繰り返すが、諱＝本名で呼ぶことは、その人を支配する行為だったからである。

その思いを示す典型的な例が、大坂冬の陣の引き金になった、京都方広寺大仏殿の鐘銘事件《しょうめいじけん》である。

秀吉が造った大仏殿は、慶長元年（一五九六）の地震で崩壊する。家康は、秀吉の死後、秀頼母子に、崩れたままになっていた、大仏殿の再興を促す。豊臣方の豊富な財力を割くのが目的だったとされているが、秀吉の供養のためにと、秀頼は再建を志し、慶長一九年（一六一四）に完成を見る。

開眼供養《かいげんくよう》の日が迫った時、家康は鐘に彫られた銘を見て激怒する。「国家安康《こっかあんこう》・君臣豊楽《くんしんほうらく》」。ことあろうに、家康の諱を二つに割き、それを鐘撞き棒で突《つ》き捲《まく》ろうというのか。しかも、それによって、豊臣の君臣は豊楽の日々を手に入れるという——、家康は開眼供養を取りやめ、秀頼の釈明や謝罪の言葉には耳を貸さずに、秀頼に大阪からの退去を迫ったり、色々な無理難題を吹きかける。

もともと、家康は豊臣方の滅亡を図っていたので、これは絶好の口実だった。追い込まれた秀頼は、ついに決起して大坂冬の陣の口火を切る。

安泰とか安寧《あんねい》・安穏《あんのん》でもよかったものを、安康と書いたばかりに、飛んだ因縁を付けられて、一族の滅亡という対価を払わされることになった、諱恐るべしである。

諱には魂が宿る。そのため、死んだ後も、戒名《かいみょう》か、諡《おくりな》と言ってその人の生前の徳行などに基づいて贈る称号を用いる事になっている。本名を呼ぶと死者の魂が蘇ると考えられていたのである。

本名の代わりに通称を付ける

そこで、ふだんは字名《あざな》＝仮名《けみょう》を付けて、それを通称とした。信長の字名は三郎・秀吉は藤吉郎で、光秀は重兵衛だった。通称には、兄弟の絆を示す、太郎・次郎・三郎などと、生まれた順に付ける例がよく見られる。子どもの多かった時代には、これは対外的にも兄弟の順位を示すのに便利だったから、昭和まで続いた命名法だった。

家康が三河の守に任官する前の字名は二郎三郎《じろさぶろう》だった。長男の信康も二郎三郎の字名を継いだ。長男なのに二郎三郎といったのは、先祖の松平家の分流である二郎家、三郎家をまとめて名乗ったものだった。

他にも次郎三郎はよくある名だが、これは二郎が幼くして亡くなったときに、次に生まれてきた子に、二郎の分まで長生きして欲しいという家族の願望を受けた字名である。

親の死後、その通称を受け継ぐこともあった。たとえば大石内蔵介《くらのすけ》だが、幼名は松之丞で、元服して本名は良雄。字名は喜内としたが、幼くして父親が亡くなったために、養父となった祖父が死亡すると、その通称を受け継いで、喜内を内蔵之助と改めた。

しかし、ふだん通称＝字名で呼ぶといっても、それは同輩や親しい間柄、それから目下を呼ぶときのこと。ふつうは石田三成 ⇩ 石田治部少輔《ちぶしょうゆう》・浅野長矩 ⇩ 浅野内匠頭《たくみのかみ》と言うように、姓と官職名を併せて呼んでいた。

官名は朝廷に仕官して与えられる役名だが、中世の下克上の風潮が強くなってきた頃から、勝手に官名を名乗るものも出てきた。たとえば武蔵守とか上総守など。信長の上総介も自称だと言われている。確かな官職名は弾正忠《だんじょうのちゅう》＝裁判所検事局の判事である。たしかに長い年月には頻繁に任地替えがあったりして、その国守になった人は幾重にも重複している。それだけに、偽に名乗っても分からないということがある。

まして、もっと低い役職名なら、何を名乗っても一々詮索されることはない。それが乱世ともなればなおさらな事である。そうしているうちに、名前にさえ官職を付けることが流行り出す。

例えば「〇〇兵衛」。兵衛は、律令制の内裏の諸門の警備や、外出する天皇の守護などに当たる武官の職名である。地方の郡司クラスの嫡子で、身体強健・弓馬の術に優れた者が選ばれたのだから、地方の武士などは名乗りたくなる官名ではある。

「〇〇左衛門」や「〇〇右衛門」。これも左衛門府・右衛門府という宮廷警護を司った官司の一つである。

次に、目上の者に対する呼び方だが、これは諱はもちろんのこと、通称さえ呼ぶことは憚られた。そこで、上様とか、お殿様、あるいは若様などと言ったり、ご家老とか御城代などのように職名で呼ぶ。また、頼朝が佐殿《すけどの》とか鎌倉殿と呼ばれ、今川氏真《いまがわうじざね》が駿府様《すんぷさま》と呼ばれたように、上位者は御殿の所在地や領国の名で呼んだりしたものである。

紫式部と清少納言の名前

紫式部とか清少納言・和泉式部など、平安時代は女流文学が花開いた時代だったという解説と共に、必ず聞く名前である。だが、そろいもそろって、なぜそんな名前なのかと、違和感を持った人も多いだろう。

それは当時の習慣として、女性には通称がなかったことによる。紫式部が『源氏物語』(一〇〇八頃)を書き上げたのは、宮中の女房として、一条天皇の中宮《ちゅうぐう》・彰子《しょうし》に仕えている時である。父・藤原為時は中流貴族で、国司という地方官を歴任していたが、たいへん文才に長けた人だった。

彼女が源氏物語を書いたのも、その文才を受け継いだものと言われるが、これだけの大作をものしても、その名を遺す事はできなかった。紫式部の呼称は、当時の慣習として通称は持たず、実名を明かす事はできないために付けた、女房名《にょうぼうな》というものである。宮廷内ではこの名で通っていた。

紫式部は、藤原姓の藤の紫と、父親が式部省の官職にあったので、その娘という意味の呼称である。源氏物語に登場する「紫の上」に因んだものとする説があるが、それでは物語成立前には、どう呼んだのかという問題が起こる。そのため、本来の女房名は「藤式部《とうしきぶ》」で、紫式部は後に生まれた呼称とする説もある。

『枕草子』（一〇〇一頃）の作者は清少納言である。紫式部が中宮彰子に仕えていたのと同時期に、彼女は同じ宮廷内で中宮《ちゅうぐう》・定子《ていし》に仕えていた。一条天皇の中宮として、ライバル同士だった二人に、それぞれ仕えた彰子と定子は、やはりライバル意識を燃やして、互いに競っていたことが、『紫式部日記』（一〇〇八頃）などから窺える。

清少納言は、父・清原元輔《きよはらもとすけ》が少納言＝太政官の職員だったので、清原少納言の娘という意味の呼称である。

『和泉式部日記』（一〇〇七）を遺した和泉式部も、その呼称は、夫の橘道貞《たちばなみちさだ》が和泉守であったことに由来する。

通り名さえ明かさなかった女性たち

『更級日記』（一〇六〇頃）の作者は、菅原孝標女《すがはらたかすえのむすめ》である。一〇二〇年九月の、父の任国・上総国＝現千葉県からの帰京の旅日記から始めて、夫・橘俊通《たちばなとしみち》と死別した翌年（一〇五九）までの、約四〇年間にわたる回想記である。

これだけ長い期間には、たくさんの人物との交流があったにも関わらず、相変わらず実名は不明で、ただ菅原孝標女とだけ分かっているのである。

これらの例を見ても、長い時代を通して、実名は絶対に他に明かさなかったことが分かる。

歴史物語の『栄花物語』（一〇三八）を記した赤染衛門《あかぞめえもん》は、現代の感覚では男の名と思い込みそうな名だが、紫式部と共に中宮彰子に仕えた女房である。清少納言や和泉式部とも交流のあった歌人で、その人たちから良妻賢母の評価を受けていた女性である。名の由来は、右衛門尉・赤染時用《あかぞめときもち》の娘であったことによる。

『蜻蛉日記《かげろうにっき》』（九七四頃）の作者は、右大将・藤原道綱母《ふじはらみちつなのはは》とだけ分かっている。『狭衣物語《さごろもものがたり》』（一〇六九～七七頃）の作者は、源頼国《みなもとのよりくに》の娘とは分かっているが、名は明かさず、禖子内親王宣旨《ばいしないしんのうせんじ》と言う。何とも奇妙な呼び名である。宣旨とは、天皇の勅使＝命令を下々に伝える事、また、その文書を指す。これでは天皇の皇子である、禖子内親王が勅使を発したことになってしまう。平安時代中頃になると、勅使の意味が広がって、中宮・院宮・摂関家などの上臈《じょうろう》＝高級女官がそれを伝えた事から、上臈その人をも指すようになったことを知って、初めて理解がいく呼び名である。

最後に、これも見るからに難解そうな『成尋阿闍梨母集《じょうじんあじゃりのははのしゅう》』（一〇七三頃）を挙げておこう。

成尋は天台宗の僧の名前。続く阿闍梨（あじゃり・あざり）は、修行を積み、天皇の勅旨にによる法会《ほうえ》を司ることのできる、高僧の称号である。僧・成尋阿闍梨は、六二歳になって初めて、宿願の宋に渡った。八〇歳を過ぎた母は、離別の悲しみと、遠く離れた子に寄せる思いを切々と記し、たくさんの歌に託した。

今風に言えば『成尋阿闍梨の母の（歌）集』であって、日記風の詞書と一七五首の歌を集めた自撰歌集だが、これも例によって筆者名はなく、成尋の母とだけ記しているのである。

法名「蓮生《れんしょう》」を名乗った熊谷直実

領土と同時に、命まで取ったり取られたりした乱世では、武士たちの間に、諸行無常の思いがつのり、誰もが極楽往生の願いをつよく抱いていた。兜《かぶと》の中に持仏を潜ませて出陣する武士もいた。武士の妻は夫が戦死すると、髪を下ろして仏門に入り、ひたすら夫の菩提を弔うのが良妻とされていた。

『平家物語』（一二一九頃）に「敦盛《あつもり》の最期《さいご》」という段がある。坂東一の剛の者といわれた熊谷次郎直実は、一の谷の合戦に敗れて、沖の船目指して逃げていく平家の軍兵を追って、身分の高い敵を討って手柄を立てたいものだと思っていると、見るからに立派な鎧兜を身に着けた武将が、馬を海に乗り入れようとしていた。

熊谷は急ぎ渚に寄って、「敵に後ろを見せるのか。引き返せ」と呼びかける。それを聞いて馬を返した武士が、渚に上がろうとしたところへ、馬を寄せた熊谷は組みついて、二人とも落馬する。

熊谷が相手を組み伏せて、兜を引きのけて首を掻こうとして見ると、なんと一六、七歳のいかにも上品な美少年だった。

熊谷は我が子小次郎を思い出し、小次郎がわずかな手傷を負ってさえ、親として心配でたまらないのに、この子が討たれたと聞いたら、親はどんなに悲しむだろうと思って、討つ気が失せる。

熊谷が振り返ると、後ろから五〇騎ほどの味方の軍が迫って来る、仕方なく心を決めて、「助け参らせんとは《たすけてあげたいとは》存じ候えども《おもいますけれども》、味方の軍兵雲霞のごとく候《みかたのぐんへいたちが大勢で押し寄せてまいります》。よも逃れさせ給わじ《とてもお逃げになることはできません》。人手に《たにんの手に》掛け参らせんより《お掛けするよりも》、同じくは直実が手に掛け参らせて《どうせならわたくしの手でお討ち申し上げて》、後の御孝養をこそ仕り候わめ《菩提をおとむらいいたしましょう》」と言うと、少年は健気にも、ただただ早く首を取れという。

熊谷は前後不覚の思いで、「泣く泣く首をぞ掻いてんげる」ということになるのだが、その後、「あわれ、弓矢とる身ほど口惜しかりけるものはなし。武芸の家に生まれずは、何とてかかる憂き目をば見るべき。情けなうも討ち奉るものかな」と悔やみ嘆く。

語り手は、「それよりしてこそ熊谷が発心《ほっしん》の思いは進みけれ」と、その事が、以前から仏門に帰依《きえ》したいと思っていた、直実の決意をさらに固いものにしたと説明している。

直実はその後仏門に入り、蓮生と名乗る。京から故郷の熊谷に帰る時にも、西方浄土に尻は向けられないと言って、馬の背に後ろ向きに乗っていたというエピソードを残すほど、深く信心していた。今、熊谷市にある浄土宗・蓮生山熊谷寺《れんせいざんゆうこくじ》は、蓮生法師の開山として知られている。

何度も改名した上杉謙信と武田信玄

有名な武将も仏門に帰依する人は多かった。例えば上杉謙信。誰知らぬものはいない著名な武将だが「謙信」は法名である。戦国時代、越後＝現新潟県などの北陸地方を支配していた大名・越後長尾氏の九代当主（兄が早世したため）として生まれ、幼名は虎千代。生まれ年の寅年に因んだものとされる。猿松丸との説もある。七歳で元服して、諱は景虎。字名は平三でへイザまたはヘイゾウと名乗った。官名は弾正少弼《だんじょうしょうひつ》。今の警察と検察を兼ねたような役所の次官職である。二三歳のとき京都大徳院寺で得度《とくど》して、宗心《そうしん》の法号＝戒名を授かるが、三年ほどで還俗《げんぞく》して景虎に戻る。

永禄四年（一五六一）、関東は戦乱が打ち続き、関東管領・山内上杉家の力は衰え、関東の覇権を目指す相模国の北条氏康《ほうじょううじやす》と、甲斐国の武田信玄の争いに、景虎も巻き込まれることとなる。この年、景虎を頼って来た山内上杉憲政《のりまさ》から上杉家の家督《かとく》と関東管領の名代職《みょうだいしょく》を譲り受け、憲政の「政」の一字を授かって「上杉政虎」と改名する。三二歳の時だった。相模・甲斐ともに関東管領の配下になるために、氏康も信玄もこれを認めず、上杉とは呼ばずに、長尾と呼び続けた。

同年末、政虎は上京して、将軍・上杉義輝《うえすぎよしてる》から「輝」の一字をもらい受け、「上杉輝虎」に。これによって、誰もが認めないわけにはいかない、将軍公認の関東管領として有力大名となる。北条氏康・武田信玄や、織田信長らとの、幾多の合戦を繰り広げた輝虎は、四〇歳のとき、禅の師匠・林泉寺の益翁宗謙《やくおうそうけん》の一字を譲り受けて「不識庵謙信《ふしきあんけんしん》」の法号を得る。以来、四九歳で死去するまで、上杉謙信を名乗っていた。

武田信玄の信玄も法名である。幼名は勝千代。一六歳で元服して諱は晴信。字名は太郎。元服した時、宮中の食餞を司る大膳職《だいぜんしき》の太夫に任官したので、三七歳で信濃国の守護職に補任されるまでは、それを官名とする。以後の官名は信濃守である。

三九歳のとき、現甲府市の長禅寺で出家して、「徳栄軒信玄《とくえいけんしんげん》」の法名を授かり、それが一般的に知られる「信玄」の名となった。

下剋上大名の斎藤道三と北条早雲

出世魚も驚くほど何度も名を変え、場面に応じて名を使い分けたりもした男が、美濃のマムシと言われた斎藤道三である。

名もない家から幼くして仏門に入り、還俗して油商人から身を起こし、国盗りと言われる、権謀術数《けんぼうじゅつすう》を駆使した手法で、美濃地方を平定して戦国大名までのし上がり、信長にも一目置かれるほどの実力を示した道三は、次に登場する北条早雲とともに、下剋上大名《げこくじょうだいみょう》の典型と言われている。

出身は山城国。父は北面の武士＝上皇の御所を守護する武士・松波庄五郎またの名を長井新左衛門尉と言われるが、詳細は分からない。幼名は峰丸。一一歳で出家して法蓮坊《ほうれんぼう》と名乗る。二〇歳で還俗《げんぞく》し、油問屋に婿入りして山崎屋と名乗る。油を商いながら武術の修業をして、美濃国の小守護大名・長井氏に仕え、通称を長井新九郎・松波庄五郎・西村勘九郎・西村正利・藤原規秀《のりひで》・長井規秀・長井秀龍《ひでたつ》などと使い分けている。晩年は斎藤利政とか斎藤秀龍とも。官位は室町幕府美濃国守護代・山城国守。道三は晩年の法名である。

これも戦国時代初期の下剋上大名の一人・北条早雲の出生年は不明。備中・現岡山県の西部の伊勢氏とか、京都の伊勢氏の出身かとも言われるが、はっきりとはしない。幼名は伊勢新九郎、諱は長氏・氏茂・盛時など。

室町幕府八代将軍・足利義政《あしかがよしまさ》の子・義視に仕えていた時に、応仁の乱が起こる。発端は将軍の後継者を巡る争いである。幕府の実権を握ろうとした細川勝元と、同じ野望を持つ山名宗全が、互いに将軍の弟や子息を押し立てて、東軍・西軍に分かれて争い、全国の武士たちを巻き込んだ騒乱は、一一年も続いた。

東軍＝細川勝元の推す義視側は、二四か国・一六万人。西軍＝山名宗全・義尚側は二〇か国・一一万人という規模だった。

早雲は義視の東軍側に属し、義視に随いて伊勢に下り、後に伊豆の混乱に乗じて伊豆国を奪い、そこを足場に相模国を統一して、小田原城の城主となる。名もない出自ながら、一代にして戦国大名にのし上がった人物である。出世してからの名乗りは、伊勢宗瑞《いせのそうずい》・早雲庵宗瑞《そううんあんそうずい》など。

早雲は北条とは全く関係ないのだが、小田原に拠点を定めてから、東国への権威を示すために、鎌倉幕府の執権・北条氏の名を騙る。当時、その事は知れ渡っていたので、初めは誰も北条とは呼ばなかったが、その子・氏綱がさらに勢力を伸ばしたために、それは定着する。だが、早雲はそんな事にはお構いなく、家紋も本流の北条のものより、少し背の低い二等辺三角形にして、一目では分からないほどに形を似せている。

なお、世に知られている早雲の名は、本人の死後に贈られた諱であって、本人が名乗ったものではない。北条の氏姓も鎌倉幕府の執権・北条氏とは関わりのない事なので、後世では区別するために、後北条とか小田原北条と呼んでいる。

道三にしても、早雲にしても、名は体を表すという言葉通りに、主体はどこにあるのかと思うほどに、やたらに名を変えながら、変幻自在な生き方を示していると言えるようである。

武将たちの正式名称

日本の歴史に登場する人物は、公家にしろ武将にしろ、幼名・諱（実名・本名）・通称（字名・仮名）に官名・氏・姓などが複雑に絡まり合い、さらにそれらが時々改名されたりするので、正式名称はどうなっているのか、非常に紛らわしい。そのために別人だと思っていた人が、実は同一人物だったということも珍しくない。

次に幾つかの正式名の例を挙げて、整理しておこう。

	【氏《し》】	【姓《せい》】	【名字《みょうじ》】	【官名《かんめい》】	【字名《あざな》（通称）】	【諱《いみな》（実名）】
織田信長＝	平《たいらの》	朝臣《あそん》	織田《おだ》	弾正忠《だんじょうのちゅう》	三郎《さぶろう》	信長《のぶなが》
豊臣秀吉＝	豊臣《とよとみの》	朝臣《あそん》	羽柴《はしば》	筑前守《ちくぜんのかみ》	藤吉郎《とうきちろう》	秀吉《ひでよし》
武田晴信＝	源《みなもとの》	朝臣《あそん》	武田《たけだ》	信濃守《しなののかみ》	太郎《たろう》	晴信《はるのぶ》
徳川家康＝	源《みなもとの》	朝臣《あそん》	徳川《とくがわ》	蔵人《くらうど》	二郎三郎《じろうさぶろう》	家康《いえやす》

第四章　氏名を誇った武将たち

合戦時の武将たちの名乗り

ここまでは各方面から諱＝実名を明かさない習慣を見てきたが、唯一、例外があった。平安末期から鎌倉末期頃までの、合戦における武士の名乗りである。次に度重なる合戦が描かれている、『平家物語』等から、幾つかの名乗りの例を拾って、その意味を考えてみよう。

初めに同書巻四の「橋合戦」から。平清盛らの横暴に反旗を翻した高倉宮は源三《げんさん》位《み》入道《にゅうどう》頼政《よりまさ》と組んで平家打倒を志し、各国の源氏に檄《げき》を飛《と》ばす。その事に気づいた清盛は、高倉宮を捕らえようとして、討手を宮の御所に差し向ける。宮は頼政からの急報で、女装して三井寺に逃れた。

さらに逃避行が始まり、奈良を目指して、宇治の平等院で休息しているところへ、平家の大軍が押し寄せて来る。宮を守る一行は、取りあえず宇治橋の橋板を外して、防御の態勢をとる。

宮の護衛には源氏の武士に交じって三井寺の僧兵もいた。

橋板の先端まで進み出た僧兵が、大音声《だいおんじょう》を上げて名乗る。

「日頃は音にも聞きつらん。今は目にも見給へ《え》。三井寺にはその隠れなし、堂衆《どうじゅ》のなかに筒井《つつい》の浄妙明秀《じょうみょうめいしゅう》といふ、一人当千《う》の兵《つわもの》ぞや。我と思はん《わ》者は寄り合えや。見参《げんざん》せん」＝「日頃、この有名な我が名を耳にしているだろう。今はその目でしっかり見なされや。我こそは三井寺の僧兵のなかで、誰知らぬ者はいない、筒井の浄妙明秀という、一人で千人力を持ったる僧兵だぞ。対決する気力のある者は、掛かってこいや。相手になろうぜ」。

相手を威嚇し、味方を奮い立たせる名乗りである。ここでは僧兵なので法名を名乗っているが、この時期の合戦時の武士の名乗りは、実名どころか、先祖の功名や氏素性・官職までもあからさまにするものだった。合戦の作法として、相手が名乗っているうちには、斬り掛かることも、矢を射ることもしなかった。

次は続く巻四の「宮の御最期」の項で、討っ手側の平家の若武者の名乗りである。

「遠くは音にも聞き、近くは目にも見給へ《え》。昔、朝敵・平将門を滅ぼし、勧賞被っし《けんじょうかうぶ》俵藤太《たわらのとうた》秀郷《ひでさと》に十代、足利太郎俊綱《あしかがたろうとしつな》が子、又太郎忠綱《またたろうただつな》、生年《しょうねん》十七歳、かように無冠無位《むかんむい》なるものの、宮に向かい参らせて弓を引き矢を放つ事、天の恐れ少なからず候へ《え》ども、弓も矢も冥加《みょうが》のほども、平家の御身の上にこそ候はめ《わ》、三位入道殿の御方に、我と思はん《わ》人々は、寄り合へ《え》や。見参せん」。

初めの「遠くは〜。近くは〜」は決まり文句である。続いては先祖の紹介で、「自分の父親は、昔、平の将門を討って恩賞を貰った、かの有名な俵藤太秀郷の十代目の孫で」と、ずいぶん昔の話ながら、家系の血筋の良さを誇示したうえで、やっと自分の名を名乗り、歳を告げる。ところが、自分は若くてまだ誇るべき官職も地位もないので、そこは「年はまだ一七歳で、このように無冠無位ではあるが」と素直に認めながらも、戦いの意義を述べる。そこも宮に手向かうことだけに、初めは多少遠慮がちに、「宮に向かって弓を引くのは、天罰の恐れが少なくないとは言うものの」と述べてから、「けれども、この戦は、弓矢の神・神仏の加護も、共に平家の方にこそありましょうぞ」と、自分の側にこそ正義がある事を強調し、「さあ、そちらに我と思う人々がいたら、出て参れい。お相手致そう」という名乗りである。

名乗りの作法に大事なことの一つは、自分の氏素性がどれだけ素晴らしいかを述べる事である。相手を脅かし、また、もし我を討ち取ったら大手柄だぞと、挑発する意味もある。先祖自慢では、巻九の「二度之懸《にどのかけ》」の梶原景時も負けてはいない。

「昔、八幡殿、後三年の御戦《おんたたか》いに、出羽国千福金沢《でわのくにせんふくかなざわ》の城を攻めさせ給《たま》ひける時、生年《しょうねん》十六歳で真っ先駆け、弓手《ゆんで》の眼《まなこ》を甲《かぶと》の鉢付の板に射付けられながら、当の矢を射てその敵を射落とし、後代に名をあげたりし、鎌倉権五郎景正《かまくらごんごろうかげまさ》が末葉《まつよう》、梶原平三郎景時《かじはらへいさぶろうかげとき》、一人当千の兵《つわもの》ぞや。我と思《おも》はん人々は、景時討って見参にいれよや」。

先祖の紹介の方が長い名乗りだが、「弓手の眼」とは弓を持つ手の方の眼だから、左目のこと。若干一六歳で後三年の役に従軍した権五郎が、合戦で左目に矢を受けたとき、ただちに自分でその矢を抜き取って相手に射返し、見事討ち取ったという話は、当時有名なことだった。『太平記』（一三七一頃）巻一〇の「鎌倉合戦の事」の段には、家柄の重みはそのまま自己の重みという、当時の考え方を、如実に示している名乗りがある。新田義貞が鎌倉幕府の本陣まで攻め込んだ時の事である。

執権・北条高時の館も焼かれ、味方は散り散りになったのを見た、長崎次郎高重は、死を決して敵陣に乗り込み、名乗りを上げる。

「桓武天皇第五ノ葛原親王《カツラハラノミコ》ノ三代ノ孫、平将軍貞盛《タイラノショウグンサダモリ》ヨリ十三代前《サキ》ノ相模守高時ノ管領ニ、長崎入道円喜ガ嫡孫、次郎高重、武恩ヲ報ゼン《武士の恩義に報いる》タメ討死スルゾ。高名セント思ハン《ワ》者は、寄レヤ、組マン」

前半は、武恩を感じている主君・北条高時の血筋を、遠くたどれば桓武天皇に行き着く、高貴な家柄である事を長々と述べて、自分は、その高時に執権として仕えた、長崎円喜の直系の孫であるぞと、自分の身分を精一杯誇っている名乗りである。自分は、高貴な身分に重用された家柄の出である、という事。筆者の見てきたような創作だろうが、ここまでやると、虎の威を借る何とかと言っては、身もフタもないが、ネコが全身の毛を逆立てて、思いっきり背伸びをして、威嚇の声を上げている姿に見えなくもない。
端的な名乗りでも、父親の姓名と自分の名と、年齢は欠かせない。次の巻八「法住寺合戦《ほうじゅうじかっせん》」の信濃次郎仲頼《しなののじろうなかより》の名乗り・巻九「宇治川先陣《うじがわのせんじん》」の佐々木高綱《ささきたかつな》の名乗りなどは、それを典型的に示した例である。

「敦実親王《あつみのしんのう》より九代の後胤《こういん》、信濃守仲重《しなののかみなかしげ》が次男、信濃次郎蔵人《くらうど》仲頼、生年廿七歳。我と思《おも》は《わ》ん人々は寄り合《あ》へ《え》や、見参《げんざん》せん」

「宇多天皇《うだのてんのう》より九代の後胤、佐々木三郎秀義《ささきさぶろうひでよし》が四男、佐々木四郎高綱《ささきしろうたかつな》、宇治川の先陣ぞや。我と思はん人々は高綱に組めや」

右の佐々木高綱の名乗りは、宇治川の激流を馬で乗り切って、真っ先に敵陣に立った先陣の告知でもある。軍の総勢で敵地に突入する時の一番乗りは、その勇猛さと俊敏さを示すことになり、極めて名誉な事だった。その名誉を手に入れて高名を致すことは、個人の名誉ばかりでなく、家門の世評を高める事にもなる。

この時、高綱は、川に馬を乗り入れようとして、一歩先を行く梶原景時を見て、馬の腹帯が緩んでいるぞと告げる。腹帯の緩みは、激流の強い抵抗にあう。景時が腹帯を締め直している間に、高綱はそこをすり抜けて、一番乗りを果たしたものである。このように、先陣争いには、知略も必要なものだった。

この宇治川の先陣争いでは、次のようなエピソードもある。

畠山重忠は手勢を率いて、馬で宇治川に乗り入れたが、途中で甲《かぶと》に敵の矢を受けて、弓杖を突いて河中に降り、水に潜ったまま対岸に着く。岸に上ろうとしたときに、腰にしがみつく者がいた。問うと、元服の世話をした烏帽子《えぼしご》子・大串次郎《おおくしのじろう》だった。流れの速さに乗った馬を流され、ちょうど見かけた重忠についてきたのだと答える。

重忠は、「いつもお前は、こんな時にばかり面倒を掛ける」と言いながら、大串の首をつかんで岸に投げ上げた。投げられて、すぐに立ち上がった大串は、大声で名乗りを上げる。「武蔵国の住人、大串次郎重親、宇治川徒歩立《かちたち》の先陣ぞや」。徒歩立とは、歩いて渡ること。それを見ていた「敵も味方もこれを聞いて、一度にどっとぞ笑《わらい》ひける」と。

熊谷直実・直家父子の一の谷の先陣の名乗りも、味方を出し抜いたものだった。巻九「一二之懸」の項では、夜陰に紛れて一の谷の平家の陣に近づいた源氏の武者たちは、秘かに先陣を争って、思い思いの距離を置いて夜明けを待つ。直実親子は、先陣を狙う味方にも気付かれないようにと、波打ち際を通って平家の陣の西の木戸に至り、まだ夜も明けないうちに名乗りを上げる。

「武蔵国の住人、熊谷の次郎直実、子息・小次郎直家、一の谷の先陣ぞや」

だが、この時はまだ未明だったために、平家の陣からは応答がなかった。

大事な合戦で、負け戦と決まった時に、おめおめと捕らえられて、首打たれたり、許されて生き恥を曝すよりはと、武将が自ら陣中に打って出て、「この首討って手柄にせよ」と、名乗る事もしばしば行われていた。

『平家物語』巻八「鼓判官《つづみはんがん》」に、木曽義仲《きそのよしなか》が後白河《ごしらかわ》法皇の御所・法住寺《ほうじゅうじ》殿を攻めた時の、法皇方の軍がさんざんに打ち負かされた場面がある。そのまとめは「恥ある者は討ち死にし、つれなき者は落ちぞゆく」という文で結ばれている。「つれなき者」とは、厚顔無恥な者という意味である。陣中で「敵に後ろを見せる」ことは、最も卑怯未練な事として、誇りある武士には許されない事だった。

征夷大将軍《せいいたいしょうぐん》にまで上り詰めた義仲は、それを嫌った従兄弟の頼朝に攻められ、(先の宇治川の先陣の場面は、義仲が布陣する宇治川の岸を、対岸から攻めた頼朝側からの描写である)わずか一年で都落ちし、琵琶湖の畔に着いた時には、付き従う武者は愛妾の巴御前《ともえごぜん》を含めて、たったの七騎になっていたと、同書は記す。

ここで甲斐の一条次郎《いちじょうのじろう》の軍と出会った義仲は、覚悟を決めて打って出る。その時の名乗りが「昔は聞きけんものを木曽の冠者《かんじゃ》、今は見るらん。左馬頭兼伊予守《さまのかみけんいよのかみ》、朝日の将軍源義仲ぞや。甲斐の一条次郎とこそ聞け。互によき敵《かたき》ぞ。義仲討って兵衛佐《へいえのすけ》に見せよや」というものである。兵衛佐は頼朝の事。この首を頼朝に差し出せば、大変な手柄になるぞということである。

そこを切り抜けた時には、主従五人となっていた。義仲は巴を呼んで「最後の戦にまで女を連れていたと言われるのは、不名誉な事だ。我はここで人手に掛かろう時には、自害するつもりだから、お前はどこかへ落ちのびて、我が菩提《ぼだい》を弔《とむら》うべし」と告げる。

巴は、ならば最後に、よき敵を討ってからと、待ち構えるところへやって来た、剛力で知られる御田八郎師重《おんだのはちろうもろしげ》を、組み伏せて首を取り、東国を目指して去っていく。

残ったのは義仲と、幼な友達とも言えるほどの仲の従者、今井四郎兼平《いまいのしろうかねひら》の二人になる。義仲が言う。「ふだんは何ともない鎧《よろい》が、今日はいやに重いぞ」。兼平は、「主はまだ疲れた様子はなく、馬も元気です。着慣れた鎧が重く感じるはずはございません。それを重いと思われるのは、味方が皆討ち死にして、気落ちなされたせいではありませんか。なあに、まだ家臣千人分の働きをする、兼平がここに居ります。私がここで寄せくる敵を防ぎますから、あそこに見える粟津の松原へおいでになって、見事に自害をなさりませ」。

そこへ新手の敵五〇騎ばかりが駆け寄るのを見て、義仲は「我はこの戦で命を捨てるべきであったが、ここまで生き延びたのは、汝と一緒に討ち死にしようと思ったためだ。所々で、別々に討ち死にしようよりは、この敵と戦って、共に討ち死にしようではないか」と言って、兼平と馬の鼻を並べて駈け出そうとした。

兼平がそれを遮って言うには、「武士たるものは、日頃、どんな立派な評判がありましょうとも、最期の時が無様であったら、末代の疵でございます。主はお疲れの上、後に続く味方もおりません。敵に押し返され、とるに足りない雑兵にでも、お討たれになったりしたら、〈あれほど日本国中に名を轟かせ給うた木曽殿を、某《それがし》が討ち取ったり〉なんどと言われます。そんな名折れなことはございませんから、どうぞあの松原へ」と。

兼平は、初め「主は疲れた様子がない」と励まし、後では「お疲れ」と、常に主人に気を遣いながらも、武士たるものの矜持は忘れない。武家社会では、身分ある者が、身分卑しい者に討たれるのは、最も恥辱とされていた。

逆に、名もない郎等が、地位ある武将を討つことは、莫大な褒賞や、地位を約束されることだった。

義仲が兼平の進言を聞き入れて、松原に向けて馬を進めるのを見た兼平は、ただ一騎で五〇騎ばかりの敵に立ち向かい、鐙《あぶみ》に踏ん張って立ち上がり、大音声で名乗りを上げる。

「日頃は音にも聞きつらん。今は目にも見給へ。木曽殿の御乳母《おんめのと》の子・今井四郎兼平、生年三十三に罷《まか》りなる。さるものありとは、鎌倉殿まで知ろしめされたるらんぞ。兼平討って見参にいれよ」

木曽殿の御乳母の子＝義仲の乳母《うば》の子。幼い頃に親を失った義仲は、兼平の母に育てられた。ふたりは乳兄弟である。「そういう者がいるとは、鎌倉殿＝頼朝も知っていらっしゃるはずだぞ。この首討って御覧に入れるがいい」というわけである。

その間に、義仲は松原に向けて馬を駆けさせる。ところが時は正月廿一日の暮方になっていたので、気づかずに、薄氷の張った深田に踏み込んでしまう。馬がもがいているうちに、義仲は追っ手の放った矢に額を射られ、深手を負って、馬の首にうつ伏せたところに、駆けつけた敵に首を掻かれてしまう。

敵は義仲の首を太刀の先に貫き、高く差し上げて、大音声にて勝ち名乗りを上げる。「この日頃、日本国に聞こえさせ給《たまい》ひつる木曽殿を、三浦石田次郎為久《みうらのいしだのじろうためひさ》、討ち奉《たてまつ》たるぞや」

これを聞いた兼平は、今は庇うべき人も無ければ、戦う意味はないと見極めて、「これを見給へ《たまえ》、東国の殿ばら、日本一の剛の者の自害する手本ぞ」と叫んで、「太刀の先を口に含み、馬より逆さまに跳び落ち、（首を）貫かってぞ失せにける」という死にざまを見せる。

生への未練に微動だにしない死にざまは、そのまま誇り高い武士の生きざまでもあった。

少しでも名のある武将ともなれば、合戦の合間にも雑兵達には目もくれずに、「よき敵ご参《ざん》なれ」とばかりに、名のある武将を探すのが常だった。有名な巻九「敦盛最期」の段の熊谷直実も、一の谷の合戦で敗れた平家の軍兵が、沖の船指して落ち延びようとするのを追って、「あは《わ》れ、よかろう大将軍に組まばや」＝ああ、立派な大将軍と組打ちしたいものだと、探し回っているうちに、敦盛を見かけたものだった。

その前段の「越中前司最期」では、越中前司盛俊《もりとし》と猪俣《いのまた》小平六《こへいろく》則綱《のりつな》のやり取りがある。一の谷の海岸方面を守っていた盛俊は、平家の劣勢に、もう逃げようにも逃げられまいと、覚悟を決めているところへ、源氏方の侍大将の猪俣小平六が「よい敵と目をかけ」、馬を寄せて組みかかり、二人とも組んだまま落馬する。

二人とも剛力者で、組んずほぐれているうちに、盛俊が上になって、小平六の首を掻こうとした時に、組み敷かれた小平六は「そもそも、名乗ったるを聞き給ひてか」＝「だいたい貴殿は、我が名乗りを聞かれたか」と問いかける。そして、「敵を討つといふ《言う》は、我も名乗って聞かせ、敵にも名乗らせて、首を取ったればこそ、大手柄というものですぞ。名も知らぬ首を取ったからといって、何の役にも立ちますまい」と言う。

盛俊は、なるほどと思って、自ら名乗り、小平六にも名乗りを促すという筋である。

このように、名乗りは色々な意味合いを持ち、合戦の様式の中でたいへん重んじられる、言わば、現代、初対面の紳士が名刺交換をするような、世の常識だった。

合戦の名乗りは、命のやり取りの宣言である。諱には魂が籠り、普段は他人に知られてはいけないものではあるが、命を懸けるこの時に於いてこそは、諱が力を発揮するというものである。そこで、諱に込められているはずの、先祖からの血筋や功績などと並べ立てた上で、官位官職と通称と諱を名乗り、自らを奮い立たせ、相手の戦意を挫こうとするものである。

また、当時の階級社会の仕来りとして、たとえ憎い相手であろうとも、目上の人や、目上の人が含まれる群衆に対しては、敬語を遣っていることが、名乗りの中からも読み取れる。これは相手への敬意である。だからこそ、相手が名乗っているうちは、決して襲おうとはしなかった。これは、選手が紹介され、ゴングが鳴らされるまでは、相手を襲わないという、ボクシングのルールにも例えられようか。互いに武門の面目をもって守られるルールだった。

このように武士にとって合戦に臨むことは、最高の名誉を掛けたことだけに、服装にも念を入れていた。もちろん、武装は身を守ることが第一義なのだが、武士にとっては晴れの出陣のための正装でもある。できるだけ着飾って、周囲に目立ち、敵を威圧する事も念頭に置いて準備した。

次は『平家物語』の「実盛」の段が描く、武蔵国の住人・長井《ながい》斎藤《さいとう》別当《べっとう》実盛《さねもり》の武装である。これを最期とみた実盛は、六〇歳を過ぎた白髪頭で、老人と侮られるのは不名誉とばかりに、髪を黒く染めて出陣する。

味方はほとんど討たれ、散り散りになった陣に、ただ一騎だけ踏み止まって、応戦する実盛の姿は、「赤地《あかじ》の錦《にしき》の直垂《ひたたれ》に、萌葱威《もよぎおどし》の鎧《よろい》着て、鍬形《くわがた》打ったる甲《かぶと》の緒《お》を締め、黄金造《こがねつく》りの太刀《たち》を佩《は》き、切斑《きりふ》の矢負《やお》い、滋藤《しげどう》の弓持って、連銭葦毛《れんぜんあしげ》なる馬に、金覆輪《きんぷくりん》の鞍置《くらお》いてぞ乗ったりける」。という、最高の贅《ぜい》を尽《つ》くしたものだった。これが名乗りとセットになって、効果的に敵方の眼に映る。

余計な事だが、これが今に受け継がれているのが、プロレス・ショーの世界である。リングに上がる時の、様々に着飾った衣装や覆面は、できるだけ目立った姿で観客を魅了し、相手に強さをアッピールして、威圧しようとするものである。試合前のリングアナウンサーの紹介時に、チャンピオンベルトなどを高々と差し上げて見せるのは、氏素性とこれまでの実績を誇示する、名乗りの姿である。

ただし、例外もある。常に奇襲作戦で勝ち抜いてきた、源義経である。彼は連戦連勝だったが、余りにも勝ちにこだわり過ぎて、ルールを無視したので、当時は卑怯者と言われて、評判はあまり芳しいものではなかった。

後の「判官贔屓《ほうがんびいき》」は、頼朝に疎まれて、弁慶を初めとするわずかな供を連れて、奥州平泉に逃げ、最期には、頼りにしていた奥州藤原氏にも見限られて、持仏堂で妻子を刺し、三〇歳という若さで自害して果てたことや、それにまつわる弁慶の立ち往生の話などが、戯曲や講談などで、誇張し美化して伝えられたことによる。

名乗りが通じなかった異文化——蒙古襲来

名乗りの作法が全く踏みにじられて、武家社会に大きなショックを与える事件が起こった。文永一一年（一二七四）の蒙古襲来による、文永の役である。この時、日本各地から駆け付けた武将たちは、外国から来た蒙古軍を前に、日本の武士の面目に掛けて、礼儀正しく迎撃する事を心掛けた。

日本の合戦の作法といえば、先ずは互いに軍使を交換して、合戦の日時と場所を決め、当日は互いに対峙すると、総大将が名乗りを上げた後に、矢合わせを行い、笛の音を発てる鏑矢《かぶらや》を射合ってから、たがいに鬨《とき》の声《こえ》を上げて合戦に至るという、筋書きがあった。

その戦いの様式の原型は、『古事記』（七一二）の大国主命《おおくにぬしのみこと》の国譲りの神話にある。天ッ神の天照大御神《あまてらすおおみかみ》は、地上で大国主命が治めている、瑞穂《みずほ》の国《くに》の主権を渡すよう、大国主命の住む出雲に、交渉の使者を使わすのだが、使者は一向に帰ってこない。そこで、改めて、建御雷神《たけみかづちのかみ》に天鳥船神《あめのとりふねのかみ》を添えて、再度、交渉に赴かせる。

建御雷神ら二神は地上に降り、大国主命に国譲りを打診する。命は自分の二人の息子の意思に任せると答え、兄の八重言代主神《やえことしろぬしのかみ》は、この瑞穂の国を治むべき、天照大御神の御子に差し上げましょうと答える。

そこへ他所から帰って来た、次の息子・建御名方神《たけみなかたのかみ》は、この国土を求めるならば、力比べをして決着を付けようと提案する。建御雷神は同意して、互いに腕を取り合うと、建御方神はいとも簡単に投げ飛ばされて逃げ出し、追いかけてきた建御雷神に、諏訪湖の畔で捕らえられ、恭順の意を示して、国土を天ッ神に献上することに同意する。

ここでは、物事を決めるに当たっては、先ず交渉して、決裂した場合には、戦いのやり方を決めて、その上で互いに争っている。

突然だが、私が子どもの頃には、山村の子は、隣の集落の子どもたちと、時々、集団で争うものだった。たいがいの集落は、谷川を隔てて隣り合っている。子どもは集落ごと群れて遊ぶから、たまたま川の向こう岸に、隣部落の集団が見えると、どちらからともなく、悪口を投げかける。

悪口が一区切りすると、今度は小石の投げ合いになる。私たちの場合は、川幅が広くて、どんなに力んで投げても、川の中に落ちるくらいで、届くものではなかったが、それでもお互いに、相手めがけて、全力で石を投げ合ったものである。

これを石合戦と言った。小中学校の同級会などで話が出ると、皆経験があると言っていた。ものの本によると、これは全国で昔から行われていた習慣で、閉鎖的な時代には、大人もやっていた事だという。そこにはやはり、ある程度のルールがあって、要求だの理由だのを言い合ってから、始めたものだという。決定的に言い負かせば、それで終わる事もあったとか。

これは、武士の名乗りの影響かと思うところだが、いやむしろ、大昔の民衆のこうした争い方を源流として、それを様式化したのが、武士の合戦の方式となったものではなかったか。

しかし、蒙古軍を相手では、それは通用しなかった。何百艘という大きな船で押しかけて来て、上陸しようとする蒙古軍に対して、鎧兜《よろいかぶと》で着飾った騎馬武者たちが、それぞれ馬を渚に走らせて、「鐙《あぶみ》踏ん張り突っ立ち上がり」ヤアヤア我こそはと、大見栄を切っているうちに、蒙古軍は一斉に矢を射掛けて来た。相手は、一騎打ちなどという事は全く眼中にない、集団戦法である。

日本の武将は、これで大きな痛手を被った。その状況を描いたものが、『蒙古襲来絵詞《もうこしゅうらいえことば》』として残っている。蒙古軍から大量の矢を浴びせられて、馬上で血まみれになっている武将は、幕府の御家人・肥後国の竹崎季長《たけざきすえなが》という武士である。

この戦いは突然の大嵐によって、蒙古軍の船団は大打撃を被り、退散する。幕府や武士団は、この戦いの教訓に学んで、次の蒙古襲来までには、攻撃が予想される海岸線には、高い土塁などを築いて、防御態勢を整えた。

その後、鉄砲が入って来ると、戦いの様相は一変する。第一は、対峙する陣の距離が遠くなったことである。名乗りをするには遠すぎる。一騎で近づいて名乗りを上げたとしても、鉄砲が相手ではひとたまりもない。蒙古戦に倣って、集団戦も活発になった。

名乗りが盛んに行われた源平合戦の頃にも、『平家物語』や『源平盛衰記』などを見ると、何万・何十万の軍兵が「雲を霞と押し寄せて」などの表現がよくあるように、集団戦は行われていた。

物語の誇張を割り引いて見ても、何万もの兵が結集する事はあったようだが、それは軍勢であって、それが全員で、一カ所で一度に戦ったわけではない。中隊に分け、小隊に分けて、地理を見極めながらあちこちに陣を敷き、いざ合戦になると、その場の広さに応じて人選した、第一陣がぶつかり合い、状況に応じて交代して、第二陣が繰り出すという形をとるのが普通だった。

その典型的な様相を、『平家物語』の「篠原合戦」の段が、簡潔に描いている。「これ等兄弟三百余騎で陣の表《おもて》に進んだり。源氏の方より今井四郎兼平、三百余騎で打ち向かふ《むかう》。畠山・今井四郎、初めは互いに五騎・十騎づつ出《いだ》しあはせ《あわせ》て勝負をさせ、後には両方乱れ合ふ《おう》てぞ戦ひ《たたかい》ける」

こうして、第一陣は勝っても、第二陣は敗れ、昨日は勝っても、今日は総崩れという事などもよくあった。その間に、名乗りをする機会はいくらでもあったのである。

追いつ追われつの乱戦になると、主戦場から離れる事もある。負けて散り散りになると、一騎や数騎で戦場を離れる事もある。そんな時に出会っても、いい相手と見ると、名乗りを上げて一騎打ちを求める様子は、先に見た通りである。

武士の社会も下剋上《げこくじょう》の風潮が広まるにつれて、相手を尊重して礼を尽くすという武士の作法はすたれ、合戦の様相も、奇襲やら、戦場での突然の裏切りやら、相手の虚を衝いた夜討ち朝駆け、何でもござれという時代を経て、戦国時代に突入する。鉄砲が使われるようになると、対陣する距離も長くなる。もう、武士の名乗りの文化はすたれるばかりだった。

第五章　名を呼ぶのを憚る日本人

名刺の文化は盛んだが

初対面の人に名刺を差し出すのは、氏素性を名乗って、自分が決して怪しい者ではないという事を、認めてもらう行為である。あるいは、その肩書によって、訪問した用件や理由を、手っ取り早く理解してもらうためでもある。

名刺の起源は明らかでない。世界中では各地で時は異なるものの、自然発生的に生まれたものだろうが、日本での名刺の起源は、中国に求められるようである。その理由は「名刺」という書き方である。普通、住所・氏名に肩書を添えて、紙に印刷するものだから、「名紙」と思うところだが、実は「名刺」である。

中国ではかなり古くから、「刺」と呼ばれる木片に名を書いて、初対面の人に渡したり、取り次ぎを頼む時に使ったりする習慣があったという。刺に名を書くから名刺である。

最初に日本で名刺らしいものを使いはじめたのは、開国によって外国人と接するためであったという。明治になると文明開化の流れで、いわゆる紳士・淑女が使うようになり、一般化していった。

ただし、日本にも例外があった。安土桃山時代の武将・塙《ばん》団《だん》衛《え》門《もん》直之《なおゆき》である。遠州横須賀生まれの団衛門は、変わり者の豪傑として、後には講談などでは大いにもてはやされ、私なども、幼少期に繰り返し読んだ講談本で、歴史的人物としては最初に知った名前だった。

初め、秀吉の家臣で、賤《しず》ケ《が》岳《たけ》七本槍の一人として名高い、加《か》藤《とう》嘉明《よしあき》に仕え、数々の軍功によって重んじられたが、関ケ原の合戦で嘉明の命に背いて追放される。その後、小早川秀秋《こばやかわひであき》に仕えたが、また浪人して、一時、福島正則《ふくしままさのり》にも召し抱えられるが、長続きせずに、最後には出家して僧になり、托鉢をして暮らしたという経歴を持つ。

何度も浪人した団衛門は、活発に就職活動を行い、事あるごとに、名前を書いた木片を配っていたという。諱まで書いたかどうかは分からないが、もしかしたら、彼の行動は、中国の名刺の故事に学んだものかもしれない。だが、このやり方を受け継ぐ人もなく、名刺文化は幕末まで持ち越された。

社会の需要により、名刺交換の習慣はもうすたれようもないだろうが、そんな社会になっても、日本人は相変わらず、相手の名前を直接呼ぶ事には、まだ抵抗が強いことは次に見る通りである。

建物や方角が名前代わり

古代の言霊信仰から、他人には容易《たやす》く名を明かさない事、諱の慣習などを見てきたが、今でも日本人は、人の名を直接呼ぶことに、抵抗を感じる傾向が根強く残っている。

昔は御殿に住んでいる貴人を「殿（様）」と呼び、公卿や大名など、身分の高い人の妻は、寝殿造りの正殿の北の対《つい》に住んでいたので、「北の方」と呼んだ。「お方（さま）」もあれば、目下の者を指して「その方」もある。

直接に名を呼ぶことを憚り、邸宅や方向で呼ぶ風習は、「お宅」「家内」「うちの人」などに残り、奥などない2DKの家に住んでいても「奥さん」と呼ばれることになる。

テレビの時代劇で、殿さまが家来に向かって、「その方」というのは、相手を方角で間接的に指しているものである。「こなた・そなた・あなた」または「こち・こちら・そち・そちら」など、皆その例である。また、もと自称だった「お前」「手前」が他称に逆転して、「お前さん・お前様・おめえ」「お手前・てめえ」など、親疎の関係で使い分ける言葉もある。

オレ＝相手への罵言から自称へ

オレとオマエは対になって、親しい間柄の呼びかけ詞になっているが、元はオレは相手を蔑んだり、罵ったりする言葉であり、オマエは神仏を指す最高敬語だった。

『古事記』の景行天皇の条に、天皇が皇子・小碓命《おうすのみこと》＝後の日本武尊《やまとたけるのみこと》に向かって、未だに朝廷に服属しない西の国の熊曾《くまそ》兄弟を討てと命じる場面がある。その時、「意礼熊曾二人《おれくまそふたり》……礼無《いやなし》＝無礼である……意礼《おれ》を取り殺せ」と述べている。「オレ熊曾二人」は「熊曾兄弟の奴ら」くらいの意味で、下のオレは「あいつら」と罵ったものである。

鎌倉末期になると、自称になり、男女ともに遣うようになっている。その逆転現象を、『塵袋《ちりぶくろ》』（一二七七頃）は、「我が名乗りをオレがといふ《言う》は、人に言《い》はるべき言葉を自ら名乗るなり」と説明している。

そして、『宇治拾遺物語』（一二二一頃）では、ある家を訪問した男が、門番に対して「やい、オレらよ＝おい、おまえら」と、相手をオレと呼んでいる場面があり、ほぼ同時期に書かれた『古今著文集』（一二五四）には「オレが母こそ、姉よりもよく候＝私の母の方が姉より美人ですよ」と、自分の事をオレと言っている。

この頃が移行期で、どちらにも遣ったことが分かるが、江戸時代になると、オレは身分を問わず、老若男女誰もが自称として遣うようになっている。江戸初期の『雑兵物語《ぞうひょうものがたり》』では、農民兵が「オレがひっ担いだ鉄砲は……」と語り、歌舞伎『傾城《けいせい》壬生大念仏《みぶのだいねぶつ》』（一七〇二）では、大名のお姫様が「オレは嫌じゃ……オレが名代に＝オレの代わりに」と、ダダをこねている場面がある。

そして、人情本『春色辰巳園』（一八三五）では、江戸の商家の女将さんが、「オレに」とか「オラァ」という言葉を連発している。

お前＝最高敬語から蔑称へ

「お前にオメエなんて言われるスジはねえ」なんて、居酒屋などで絡んでいるオッサンを見かけることがあるが、「お前」の方はどうなのだろうか。

実は「お前」は文字通り、私の御前にいらっしゃるお方という意味で、奈良・平安時代には、神仏や天皇・貴族などを指す言葉だった。そのうち、天皇の前に出ることのできる上級女官は、「お前達」と呼ばれるようになった。「達」はもと、複数を表す敬語的表現である。目下には「ものども」「家来ども」の「ども」。

鎌倉・室町期になると、お前は、以前の遣い方に併せて、男女ともに目上の人にも遣うようになる。対象が広がっただけ、言葉のもつ敬意も薄れてきたのである。さらに、戦国・江戸初期になると、言葉の価値はもっと下がり、サマ・サンを付けないと敬意が感じられないようになり、「お前サマ・お前サン」という言い方が始まった。これは敬意や好意をもって、誰をでも呼ぶ言葉になっている。因みに、サンはサマを崩した、気安い言い方である。「おめえ」という存在な言い方が始まったのもこの頃で、江戸後期以降には、対等か目下の者に対する言葉となる。「お前」も「おめえ」も、相手・時・場所によって、親しみの気持ちを表す言葉だったり、馴れ合いの言葉だったり、攻撃的な言葉になったりする。

居酒屋で絡んだオッサンは、相手にオメエと言われて、馴れ馴れしいと思ったのだろう。つまり、敬意が足りないと不満をぶっつけたものである。

こうしてみると、言葉は多用するうちに、本来の意味が薄れ、逆転する事もあることが分かる。「お前」を見ると、初めの畏敬や尊敬の意味は、敬愛 ⇩ 親愛 ⇩ 馴れ合い ⇩ 軽蔑 ⇩ 侮蔑 ⇩ 攻撃へと変化している。

「手前」と「てめえ」

「手前」の本来の意味は、自分の目の前とか、自分の側ということだが、代名詞としては、自分の事をやや謙遜して言う言葉である。対称としても遣われ、「お手前」は相手を尊重した言い方である。だが、手前となると、対等または目下のものに対する言い方になる。江戸の中頃から遣われ出したもので、浄瑠璃『神霊矢口渡』では、「そこで手前がやきもちか」などと、相手をやや突き放した感じで遣っている。

当時としては、「おまえ」「おめえ」より、ややぞんざいな言い方として、主に男性が目下のものに遣ったようである。そのうちには、さらに「てめえ」と崩して、相手を攻撃したり、罵ったりするときの用語となっている。

男・女言葉のない農山村

江戸時代の男女共有だったオレ・オメエは明治・大正・昭和を経て、今でも根強く残っている。次第に変化してきた事は、これらの言葉が男性専用になってきた事である。その変化は、全ての物事がそうであるように、都会ほど早く、田舎では緩やかである。山村では地方差もあるが、つい最近まで女性もオレ・オメエと言っていた。

昭和の終わり頃だったか、都会から来た友人が、私の近所のお婆さんの会話を聞いて、「秩父では、女の人がオレと言っている」と、ビックリしていた事を覚えている。

人間関係が濃密な山村では、形式ばった付き合いは要らない。家にはカギなど掛けないし、訪ねてきた人も、いきなり引き戸を開けて、「居たか」と入ってくるような、家族的雰囲気で暮らしていた。敬語はもちろんのこと、改まった言い方は不要なのである。

加えて、労働も家族ぐるみで、男女協働である。まして、秩父では、江戸時代から長く続いた養蚕が盛んで、繭を取るまでは男女協働の作業だが、その後の糸引き・機織り仕事は、農山村で仕事の無くなる冬季の、女性専用の仕事である。

男衆の稼ぎが無くなったとき、女衆は年間均して、最高の現金収入を得るのである。男尊女卑の時代だったとはいえ、どうして女衆が男衆にへりくだる必要があるだろうか。「かかあ天下」と言われた上州は、養蚕地帯だが、秩父もその地続きである。

かかあ天下とは、男性上位の地域や、その価値観から見た感想で、平たく言えば、男女平等の姿を指したものである。男言葉・女言葉の区別が生まれなかった所以である。

職業や資格で呼ぶ便利さ

「町長」「校長」「社長」「部長」などは普通名詞だが、その職にある人を呼ぶときには、名字や名前は避けて、たいがいその役職や階級で呼ぶ。これも直接名前を呼ぶのを避ける事から来た慣習である。

校長の名が「中村一郎」だったとすると、ふつう「一郎さん」と、ファーストネームで呼ぶのは、親や奥さん、または幼馴染《おさななじ》みの友達くらいなものではないか。「中村さん」と呼ぶのも、近所の人たちや、中村さんが校長である事を知らない人たちだろう。

ＰＴＡの若いお母さんが、学校で校長に向かって「一郎さん」と呼びかけたら、職員室は妙な雰囲気になるのではないか。今でも微妙に言霊信仰が生きている、日本の社会では、職業や資格で呼べるのは便利なことである。

相手の呼び方・自分の呼び方

今、オレとオマエが対であり、君と僕が、対等な関係の呼び方ということになっている。ここでは、日本人がいかに自称も他称も、直接名前を言う事を憚って、別な言い方＝人称代名詞を工夫していたかについて、探ってみることにする。

▼自称＝人称代名詞のなかの第一人称

わたくし・私＝公に対する個人。「公金を私する」などと遣う。「私雨」は狭い範囲に降るにわか雨。「私寺」は国家安穏・衆生救済を祈る寺ではなく、僧侶の修行する寺のこと。また、一族の冥福を祈る、個人持ちの寺。「私戦」は、大義のない、私恨による戦争。「私金」はへそくり。

この公と対になる私＝個人が転じて自称になったもので、男女とも丁寧な言い方として、目上に対し、または改まった言い方として遣う言葉となっている。

あたくし＝わたくしの変形。主として女性が用いる。
わたし＝私のくだけた言い方。いま、男女ともに最も普通に遣われている。近世は女性が用いた言葉で、武家は遣わなかったという。
あたし＝わたしの変形。わたしよりくだけた女性用語。
あたい＝わたしの変形。多く東京の下町または花柳界の女性が用いた。
わし＝私のもっとくだけた言い方。近世、主として女性が遣った。のち、高齢の男性が尊大ぶって目下に遣うようになった。
わい＝わしの変形。主として関西で男性が用いる。
わっし＝右に同じで、身分の低い階層の男女が用いた。
わっち＝わっしと同じ。
あっし＝いなせな商売人などの男性用語。
わたい＝わたしの変形。江戸後期に芸娼妓の類が用い、明治以後も多くは女性が用いた。
わて＝わたいの変形。初め女性用語だったが、次第に男性も遣うようになった。
あて＝わての変形。主として女性用語。
おれ＝元は相手を罵る言葉だったが、相手からそう言われる立場とへりくだる気持ちから、自分の意味になり、広く身分を問わず男女とも、目上に対しても目下にも遣うようになった。現代では、男性が同等もしくは目下に対して、くだけた感じで遣うようになっている。
てまえ・手前＝元、自分の目の前・自分の領域。転じて、やや謙遜を含んだ私。自分。手前ども。くだけた言い方で、てめえとも。
やつがれ＝奴《やっこ》・吾《われ》の変形。上代では男女を問わずへりくだった意味で用いたが、近世以降では、男性が改まった場面で使うだけに限られ、現代では遣われなくなった。
ぼく・僕＝元、男の召使の事だったが、男性が同等またはそれ以下の者に対して、へりくだって自分を言うようになったもの。
おのれ・己＝古語では自分を卑下した気持ちで遣った。二人称になると、目下に対したり、相手を見下して罵るときに遣った。
しょうせい・小生＝男性が同等か目下の相手に、へりくだって遣う言葉。主に手紙など書面上で遣う。
それがし・某＝元、名の不明な人や、物事を漠然と指し示す言葉だった。また、わざと名を伏せるときに言ったが、後に男性が自分をへりくだって言うようになった。
せっしゃ・拙者＝主に武士がへりくだって遣う語。時に尊大な態度で遣うこともある。僧侶なら拙僧で、愚僧と同じくへりくだった自称。

よ・余＝平安時代から男性が用い、明治以降も改まった言い方、またはやや尊大ぶった言い方として遣う。予とも書く。

ちん・朕＝天子の自称。古代中国では一般的に自称として用いられていたが、秦の始皇帝のとき天子の自称と定めたという。

▼対称＝相手を呼ぶ言葉

おまえ・お前＝神仏や天皇などの御前の意味から始まって、貴人を指すようになり、次第に対象が広がるにつれて敬意が薄れ、現代では罵る意味にまでなっている。おめえとくだけた言い方もある。

てまえ・手前＝自分の目の前にいる人という意味で、同等または目下の人に言う。お手前と言うと、敬意を含む言い方となる。くだけた言い方で、てめえとなると、ごく親しい関係のもの以外に対しては、軽蔑や敵意を表すことになる。

きみ・君＝元は天皇や主君など、身分の高い人を指す言葉。平安時代には女性が敬意や親愛の情を込めて男性を指す言葉になり、現代では主に男性が同等またはそれ以下の者に対して遣うようになっている。君と僕とが対照的な意味と考えられている。

あなた・貴方＝元は離れた場所を指す彼方だったが、離れた場所にいる人を指す言葉に意味を広げ、さらに直接、相手を指す言葉になったもの。

そなた・其方＝中世から始まった丁寧な言い方で、同等あるいは目下の相手に対して親愛と軽い敬意を含んだ呼び方。「そち」よりは高く、「こなた」よりは低く相手を見ている言い方とされる。

そち＝そなたの変形で、そっちといった感じで、やや粗略に扱う気持ちがある。同等あるいは目下に対するくだけた呼び方。

そのほう＝其方＝武士・僧侶などが、同等または目下の相手に遣う語。

そちら＝相手側の方向・場所から、あなたの軽い言い方。そちら様とも言う。

なんじ・汝＝上代、同等またはそれ以下の者に用いた。

いまし＝汝とほぼ同じ。中世には武士が親しみの気持ちで用いた。

なれ＝汝・いましとほぼ同じ。

おぬし・お主＝室町時代以後の言葉で、同等以下の相手に言う。

こなた・此方＝近世、男女とも目上の相手に言った。

こなさま＝こなたより敬意の高い女性用語。こなさんとも。

わい＝同等もしくは目下の者に用いる。

うぬ＝「おの」の音変化とも言われ、相手を罵って言う語。

おどれ・おんどれ＝己の変形だが、相手を見下し罵るときに遣う。
きさま・貴様＝室町時代末から江戸中期までは、武家が文書言葉として、文字通り尊敬の気持ちを込めて用いたが、現代では、男性が親しい同輩やそれ以下の者に用いる。また、罵るときの言葉になっている。
きでん・貴殿＝男性が同等以上の者に敬意をもっていう言葉。あなたより敬意が高い。
きこう・貴公＝江戸時代には武士が目上の男子に対して遣ったが、次第に敬意が下がり、江戸末期から男性が同等、またはそれ以下の男性に対して用いるようになった。
との・殿＝元、大きな建物・貴人の住宅・宮殿など。そこに住まわれる方という意味で、貴人・主君の尊称となった。手紙など文書のあて名には、相手に対する敬意を込めて遣う。
おたく・お宅＝住居を指して、そこに住んでいる方という意味で、軽い敬意を持った呼び方。強い敬意を含めて、お宅さまとも。
きけい・貴兄＝男性が男性の同輩または先輩に対して、軽い敬意や親しみを込めて、手紙などで遣う。
きし・貴姉＝男性が同等または年長の女性を敬って呼ぶ語。
おんたい＝御大将の略。ある団体や仲間の中で、中心的な地位にある人を、親しみを込めて、または気軽な感じで言う語。

まだまだ貴台だの尊台、尊堂・学兄・大兄・貴下・足下などなど、ぞろぞろと出て来るが、日常的ではないので省くとして、自他ともにさまざまな方角や建物の呼び方で以って、名前の代名詞としていることが分かる。

名前を秘する事は、すでに日本人の体質になっているようである。

※この人称代名詞の意味については、広辞苑その他さまざまな辞書・辞典を参考にしたものである事を付記しておく。

第六章　時とともに移り変わる地名

大きな地名と小さな地名

日本の国の名が初めて記録として出てくるのは、『古事記』の国生み神話である。高天の原から地上の国づくりを命じられた、イザナギ・イザナミの二神が海上にまず生み成したのが淡路島である。

次に擬人化して語られるのが、四つの面を持った伊予の島。四つの面とは伊予・讃岐・阿波・土佐に区分された四国の事である。続いて隠岐の島と、これも面を四つ持つ筑紫島を生む。四つの面として挙げているのは筑紫国＝筑前・筑後、豊国＝豊前・豊後、肥国＝肥前・肥後、熊襲国で、これは九州のこと。次に壱岐・対馬・佐渡島と生んで、最後に大倭豊秋津島《おおやまととよあきつしま》を生み、これらを合わせて大八島国《おおやしまくに》と称した。

これは八世紀頃の大和朝廷からの視点なので、北海道はもちろんのこと、関東～東北地方などは、まだ視野に入っていない。大倭豊秋津島は、豊かに穀物が稔る大和国という意味であって、せいぜい畿内全域くらいのことで、本州全体を指しているものではない。国を名乗ったかどうかは別にして、他にもたくさんの地名はあったはずである。国の下にある無数の小地名。むしろ、その小地名の中から、人の組織化に伴って、次第に広域を指すようになったものが、国の名になったと言えるだろう。

その後、国土が統一されるにつれて、支配組織が整えられて、国・県・郡・郷制が確立し、その地名も記録されて残るようになっていく。

人の名字と字名の他に、土地にも大字と字がある。大字と呼ばれる単位は、江戸時代の村を継承している。明治二二年（一九八九）に施行された市町村制によって、小さな村の合併が行われ、その後も合併政策は何度も行われたが、最初の合併時に、村の名は大字という単位で残されることになった。その後の合併でも、その名はなるべく消滅させないように図られて、今、郵便番号を振られているのが、大字の単位であり、たいがいの地図には、その名が記載されている。

字は、大字に対して小字と言ったり、昔の言い方で小名と言ったりしているが、行政的区分とはなっていない。小字はだいたい部落とか耕地と呼ばれる、一塊りの集落の名を指している。小さな単位だけに、合併などを繰り返しているうちに、消滅する事もあるが、橋の名やバス停・集会場などに、その名をとどめている事もある。

小字の起源は太閤検地にあるという。秀吉は天下を統一すると、年貢を確実に徴収するために、田畑の管理を徹底させた。一地一作人制と言われるが、農地の一筆ごとに耕作人を確定して、土地に名を付けた。付けたというより、元々土地の人が呼んでいた地名を、整理し確定したものだろう。

家族単位の耕作は小農の自立を促し、近代農村への道を開いたと言われるが、江戸時代になると、新田開発の奨励などで村は拡大した。村の範囲が大きくなると、一つの村の名では括れなくなって、村の中に小地名が付けられるようになった。それが小字の始まりという。小字単位を耕地と呼ぶのは、その辺りから出たものだろう。

村の発展の様子を知るために、日本の人口統計学から計算された人口の推移を挙げてみる。

奈良時代　　四五一万人
平安初期　　五五一万人……奈良期より一〇〇万人増
平安後期　　六八四万人……初期より一三三万人増
鎌倉幕府成立期　七五七万人……平安期より七三万人増
室町幕府成立期　八一八万人……鎌倉期より六一万人増

江戸幕府成立期　一二二七万人……室町期より四〇九万人増
明治維新期　三三三〇万人……江戸期より二一〇三万人増
終戦時　七二〇〇万人……明治期より三九七〇万人増

これを見ても、秀吉の検地による土地と農業生産対策が、人口増に大きな役割を果たしていることが分かる。当時の農民は人口の八〇％以上を占めていた事から、これは農業人口の増加と言える。農業生産技術の向上も多少はあるだろうが、当時の事なので、やはりそれだけ農地が拡大した事が大きいものと思われる。

さらに、江戸期の人口増には著しいものがある。戦乱のない世が続いたとはいえ、これだけの人口増は、積極的な治水対策と、新田開発推進による農地の拡大、ひいては農村の発展の姿の表れと見る他はない。村にたくさんの小字が生まれた所以である。

小字は部落・耕地の名

私の生家は山間の隔絶された集落だったから、幼い頃から耳にした部落とか耕地という呼び名の意味を、実感をもって理解していたように思う。周囲の大人たちは「今日は部落のお祭りだから」とか、「耕地の寄り合いで……」などと、部落と耕地という言葉を同じものとして、ほぼ半々くらいに遣っていた。

だから、どちらも昔からの言葉だと思っていたのだが、私にとっては意外に、どちらもせいぜい江戸後期から言い出されたものだったようである。

部落は江戸時代の村のなかの部分集落を略したものだろうと言われるが、たしかに「部」は昔からブ・べといって土地の一区画を指し、「落」は籬《まがき》で囲う事から、人家の集まりを指すようになって、村落・集落の言葉を生み出している。

戦後、人権意識の高まりから、被差別部落撤廃の運動が起こり、国や自治体をも巻き込んで、これを国民的課題としてとらえる運動に発展して、大きな成果を上げてきた。そのなかで、被差別部落を部落と略称して呼んだために、その言葉自体が、差別意識を内包した言葉と勘違いされて、差別用語と考える人が多くなった。

しかし、被差別部落とは、日本全国に無数にある部落の中で、取り立てて差別されてきた部落の事である。もちろん差別意識の根絶は大事ではあるが、一般的な部落という言葉を遣うこととは別問題である。

一方、耕地は今、農林統計上の用語となっていて、一般的にはほとんど聞かなくなった。私が聞き育った耕地は、文字から言って、耕作地⇩耕地⇩田畑⇩田舎の部落・集落という成立過程を経た言葉なのだろうが、その本来の部落と耕地の関係を、上手く語っている文章に、黒岩伝治の「海賊と遍路」という作品がある。

作者が、「私の郷里、小豆島」の説明として、「山と山との間の谷間が平かになって入り江を形づくり、部落《ぶらく》と段々畑になった耕地《こうち》がある』と述べている部分である。

耕地を農村の集落の意味で遣いはじめたのは、せいぜい二〇〇年くらい前からのようである。文例としては、幕末の天保四年（一八三三）刊の人情本・『春色梅児誉美《しゅんしょくうめごよみ》』の「耕地を通る商人《あきうど》の声」がある。部落にやって来た、振り売りの商人の呼び声を描いたものである。

ちょうどその頃の随筆『松屋筆記』（一八四五頃）には「耕地、田畑の打ちつづきて見ゆる所をかうち《こうち》といふは、いつばかりの俗語なりけん」とある。筆者・小山田与清《おやまだともきよ》は、天保三年、武蔵国多摩郡の上小山田村に生まれて、後に江戸に出た国学者である。彼が耕地という言葉を、「いつ頃から流行り出した俗語なんだろう」と言っているところを見ると、幼少時には多摩の田舎でも耳にした事のない言葉だったのだろう。

その部落・耕地ごとに呼ばれている地名が小名・小字である。江戸時代には小名が一般的だったようだが、いまは行政的な大字に対して小字というほうが通用しているようである。

地名表記の移り変わり

一昔前までは、外国人のイメージとして、日本といえば「富士山《ふじやま》と芸者」だと言われたものだが、大勢の観光客が来る中で、印象は多様になったけれども、富士山だけは、世界遺産の付加価値も加わって、日本を代表するものとして不動の地位を占めている。

　富士山の名の謂れについては、昔から色々言われているが、定説はない。ものの本を総合してみると、先ずは日本列島の成立と関わるほど古い歴史から、遠くはマレー語の「ブシ」で、素晴らしいという意味とする説がある。次いで朝鮮語の火を表す「プット」や「プル」という説。昔、富士山は火を噴く活火山だった。

　また、今、縄文語とも言われるアイヌ語で、火の山をいう「プシ」「フンチ」を語源とする説もある。古い日本語に由来を求める人は、なだらかな斜面を言う「フジ」が語源だと主張する。また、椀状のものを伏せる、「フセ」の転ではないかという説もある。さて、どう考えたらいいのだろうか。

「フジ」の漢字表記が最初に現れるのは、奈良時代・例の元明天皇の詔による、『常陸国風土記』（七二一頃）の「福慈岳《ふじのやま》」だという。地名は「二字の好字を」と命じた、元明天皇好みの配字である。ただし、そこに描かれた福慈岳の話は、賀名の割にはあまり芳《かんば》しいものではない。

〈昔、神々の御親《みおや》の神が子神たちを訪問して歩くうちに、駿河国の福慈岳で日が暮れてしまったので、泊めてほしいと頼むと、福慈岳の神は理由を挙げて断る。親神は怒って、《親に向かって、何という仕打ちを。それなら、これからは冬も夏も雪降り、霜を置いて凍える山にして、食べ物を供える人が来られないようにしてやるからな》と言い置いて、常陸国の筑波山に向かう。筑波の神は、御親の神を歓待して……〉と、そこは常陸国風土記らしく、筑波贔屓《つくばひいき》の話になる。つまりは、福慈岳は親神を粗略に扱った罰として、年中雪を被った山となり、筑波山は温暖の地で、一年中人が集い、飲酒・歌舞・歓談して賑わい楽しむ山となっている――、というオチである。

不尽・布士・不死から富士へ

それから約五〇年後の『萬葉集』巻三・三一七の山部赤人の長歌の歌題では、「不尽山《ふじのやま》を望《みさ》くる歌一首」と表記し、その長歌の中では、「高く貴き駿河なる・布士能高嶺《ふじのたかね》」と書き、歌の結びでは、また、「語り継ぎ　言い継ぎ行かむ《ん》・不尽《ふじ》の高嶺《たかね》は」と記している。

物語の出来初《いできはじ》めと言われた『竹取物語』（八八八頃）のフィナーレは、かぐや姫が天に昇ってしまったと知った、帝《みかど》の深い嘆きの場面である。

もはや生きるも甲斐なしと思《おぼ》し召《め》した帝は、昇天に際して姫が贈った、手紙と不老不死の薬を、天に一番近い駿河国にある山の頂で焼くように、と命じる。それを受けた使者は、大勢の武士たちに護られて山頂に至り、姫の手紙と薬壺に火を点けて燃やしてしまう。

物語はそこで終わるのだが、作者はそこで、フジの名の由来伝説を付言することを忘れなかった。

「（使者は帝の命令を）承《うけたまわ》りて、士《つはもの》どもあまた具《ぐ》して山へ登りけるよりなん、その山をふじの山とは名づけける。その煙いまだ雲のなかへ立ち上るとぞ言《い》ひ伝《え》へたる」と。

「あまたの士」を引き連れて登ったことによって、フジヤマの名が付いたというのであれば、「あまた」は「数多」の字を当てることから、文脈に引き付けて別字を当てるなら、「富」の字を当てる他はないだろう。作者はあえてかな文字の表記ですましているが、「富士」の表記を意識していた事は間違いないだろう。

もう一つは、言外に「不死」の薬を焼いて、今でも煙が立ち上っている山だから、フジの山である——、という意味を含んでいることが読み取れる。当時の富士山は、常に煙を立てていたのである。

実際に「富士」の表記が現れるのは、『続日本紀《しょくにほんぎ》』（七九七）が初めてという。時代が進むにつれて、富士と書くように、しぜんに統一されて現在に至っている。改めて見ても、「富士」の表記は、意味の上からも、字面の整った形からも、あのどっしりと、かつ、整然とした山容を表すには、最高の選択だったと思われる。

富は冨とも

富士と表記した『続日本紀』は、延暦一九年（八〇〇）の富士の大噴火についても克明に記している。この噴火によって、古代の官道として万葉集などにも詠み込まれている、箱根・足柄ルートが通行不能になったことが分かる。当時、このような噴火が繰り返され、その度に被害が起こるので、それを鎮めるために、富士山には火の神・浅間神社が祀られる。

古くから火を噴く山の代表は長野・群馬両県にまたがる、浅間山である。そのアサマは火山をいう古語と言われている。浅虫・阿蘇も同系列の言葉という。そのアサマ神社は、富士山麓を取り巻く地域を中心に、全国に約一三〇〇以上あるという。

その信仰の広がりは、富士見町・富士見台・富士見坂等の地名を各地に生みだし、また、あまたの富士講が結成され、富士見塚が築かれた。富士山に似た円錐形の山は、その地の名を付けて、例えば蝦夷富士と呼ばれ、これは全国には四〇〇座もあるという。

名字にも富田・富山・富塚など、富士山と同じ富のつくものがたくさんあるが、中には「畐」の字を使う家系もある。これは尊い富士山と肩を並べては申し訳ないという謙遜の意味で、ウ冠をわざわざワ冠に替えたものだという。

富の字の成立を見ても、家を表すウ冠の中に、豊かさを表す畐の字を加えたもので、本意は家が豊かになる事である。ウ冠を替えてしまっては、その意味はなくなってしまうのだが、そんな事よりも、富士山への遠慮を優先する思いは、深い信仰心に基づく謙遜だったことが読み取れる。

とはいえ、これらの表記はフジヤマの本来の意味を表すものではない。むしろ、いま定着している「富士」の表記が、現代日本人のフジサンの心象風景を形作っていると言えるだろう。

土佐の高知は河内だった

コウチといえば高知城を思い出す。土佐の高知の名城である。慶長五年（一六〇〇）遠州掛川六万石の大名だった山内《やまのうち》一豊《かずとよ》は、関ケ原合戦の功名により、家康から土佐一〇万石を封ぜられる。一豊は初め、関ケ原の合戦で西軍に組して改易された、長宗我部《ちょうそがべ》元親《もとちか》の居城・浦戸城に入ったが、周囲の土地が狭いために、近くにあった大高山城の全面改築をもくろんだ。

そこは浦戸湾に面し、南に鏡川、北には江ノ口川が流れるという、築城には絶好の地点だったが、唯一の難点は、周囲が湿原という事だった。そこで一豊は、築城の名手と評判の高い百々《どど》筑前守《ちくぜんのかみ》安行《やすゆき》を、わざわざ大阪から招く。築城奉行となった安行は、雨量も多く、湿地帯を擁する地形に応じて、城壁に排水用の石樋を作り、塀や建物の裾に浸水防止の水切りを設けるなど、独特の工夫を巡らした。特に、治水工事には苦心したと言われ、城の周囲に高い堤防を巡らして、水害を防ぐ対策をとっている。

一豊は、新しくなった城に、その地形から河中山城と命名した。しかし、自然の猛威はそんな工夫を遥かに超えて、城下の町は、大雨の度に氾濫する二つの川によって、幾度となく水害に見舞われた。

慶長一五年（一六一〇）、二代・忠義は水害防止のために大幅な城郭改修工事に着手し、一〇年後にようやく全城郭が完成すると、「河中山城」を「高智山城」と改名する。その後「高知」と書くようになり、町の名も高知となって、今の高知市・高知県に至る。なお、土佐藩は最後には二七万石の大家となっている。

この改名は、加藤清正が熊本城を築くに当たり、従来の地名・隈本を嫌って、熊本に改めたのと同じ発想である。

「隈本」は、川の流れが大きく蛇行している土地に付けられる、ごく普通の地名である。しかし、見方によっては、「恐れ縮こまる里」とも読める。「隈」の字の「阝」は里の意味。「畏」は恐れて首をすくめるという意味をもつ。

剛勇を以て鳴らした清正としては、豪華な城を築いた本拠地が、敵を恐れて縮こまっている土地では、我慢できなかったのだろう。そこで、国内の動物の中では最強の熊の字を見出して、我が意を得たりとばかりに付けたものだろう。清正のにんまりとした髭面が、目に浮かぶようである。

河内・川内は川に挟まれた土地

高知城の初めの名は「河中山城」。境川と江ノ口川に挟まれた地なので「河中」。そこに盛り土して築いたので「山城」。分かりやすい名である。

この地形から、こでは「河中」と言ったが、一般的には、こういう地形は「河内・川内」である。河内の代表は旧河内国だろう。現大阪南東部に位置し、ここは古墳時代から古代にかけては、日本の政治文化の一中心地だったとして、「河内王朝」の存在さえ唱えられている。

地理的には、大阪湾に面し、古代の藤原京から平城京・長岡京・平安京など、各時代を通して常に都の隣国であったことから、都と海外とを繋ぐ要衝だったために、宮廷の要職に就く豪族も輩出した。

『古事記』や、出土した、七~八世紀の木簡には「川内」と書かれていて、むしろこの方が古いのではないかという。だが、どちらにしても、二つ以上の川に挟まれた土地であることに変わりはない。

河内の地名としての読み方は、コウチが一番多く、カワウチ・カワノウチ・カワチなどがあり、全国的に見ると、旧村名(現大字的な規模)だけでおよそ四〇カ所を数えることができる。なお、東北地方にはあまり見えないが、福島県郡山市の逢瀬町の河内はコウズと呼ばれている。

こうなると、河内も、川の合流地点をいう「落合」という普通名詞が、その地方で特化して地名になったのと同様に、元は全国共通の普通名詞だったことが分かる。

凡河内《おうしこうち》は大河内《おおこうち》

凡河内躬恒《おうしこうちのみつね》とは高校の古典の教科書で出合った名で、私の第一印象は、なんて変てこな、長ったらしい名前なんだろうということだった。そう思っただけで、当時、名の由来まで調べる気はなかったが、そして、その名を漢字で書くこともできなかったが、オウシコウチノという呼び名だけは妙に印象に残っていて、今でも覚えている。そういう人は多いのではないか……と思う。

だが、高校生たちの思いとは別に、凡河内躬恒は平安時代を代表する歌人の一人で、紀貫之《きのつらゆき》と共に、勅撰和歌集・『古今集』の撰者だったことで知られている。また、貫之と並び称されて、三十六歌仙の一人で、小倉百人一首にもその歌が採られている。

貫之は『土佐日記』で知られる通り、土佐守に任じられた中流貴族だが、躬恒は国司の四等官くらいの下級貴族で、甲斐国・丹波国・和泉国などを渡り歩いていた。したがって、生没年代も不詳という存在だったが、二人は仲が良く、互いの和歌の技量を認めあっていた。

さて、凡河内という長ったらしい、変な姓の由来だが、古代、主に畿内に勢力を持っていた、凡河内国造の末裔《まつえい》である。『国造本紀』(平安初期)は、神武天皇の時代に、初めて凡河内国造が任命されたと記し、古くからこの地方で勢力を持った豪族だった事を示している。

その範囲は、後の摂津・河内・和泉の広域を占めていた。そのために、後には大河内と書いたと知れば、その意味は分かろうというものである。

つまり、「凡」とは「押し並べて」とか、「大よそ」、「皆」という意味の言葉だから、凡河内とは、淀川と大和川に挟まれた広大な平地を指し、この辺りは押し並べて河内と呼ぶ地域、大きな河内であるという意味だったのである。

和銅六年（七一三）、元明天皇は全国の国土掌握を目指して、『風土記』撰進の詔《みことのり》を発した。詔には「国・郡・郷名は全て二字とし、佳き字を当てよ」という一項があった。後に言われる好字令である。この時、天皇は中国の制度に倣って国づくりを進めていたので、地名の二字の好字化も、長安・大興・洛陽などの命名法に倣ったものである。各地でも、言霊の幸わう国との思いから、これは容易に受け容れられたことと思われる。

こうして凡河内国は、氏姓にはその名を残しながらも、河内国になる。この時、国内の津は摂津に、泉は和泉に、木は紀伊と改め、後に分離独立してそれぞれの国になる。因みに、倭が大和に、知知夫が秩父になったのもこの時のことである。

凡河内氏は奈良時代には勢力が衰えたのか、中央の記録にはその名を見ない。平安時代になってから、ひょっこり、歌人として躬恒が現れた。そこで分かったことは、家柄は下級貴族にとどまり、地方官としてやっと生き延びていたということだった。

どこにでもある河内や大河内

愛知県には大河内姓が多いというが、これは現岡崎市に大河原という地名があり、そこをルーツとする大河内氏の活躍があったことによる。三重県松阪市の大河内町も、戦国時代から見えている地名だという。和歌山市にもその地名がある。

群馬県の大河内姓は、江戸時代、大河内松平家の輝貞《てるさだ》が高崎藩主として赴任した事による。同家は摂津源氏の末裔・大河内正綱《まさつな》が、松平家の養子になって名乗ったもので、輝貞は幕府の老中で、島原の乱を平定して、知恵伊豆と称された松平信綱《のぶつな》の孫である。

大河内といえば、無声映画の時代から昭和にかけて、映画界で活躍した、大河内伝次郎がいる。代表作は『丹下左膳』。本名は大辺男《おおべますお》。福岡県の築上郡岩屋村＝現豊前市の出身である。大辺は「大（河）辺」であるところから、大河内を名乗ったものだろう。

河内と川内は字義的には同じことで、いずれも川俣《かわまた》的な地形を指す地名になっている。読み方はコウチが一番多いが、前出の郡山市のコウズを初め、次のように地方色にあふれた読み方がある。それぞれ何カ所もあるが、一例ずつ挙げてみると——。

カワウチ＝岩手県宮古市川内《かわうち》

カワチ＝石川県白山市河内《かわち》
カチ＝鳥取県倉吉市大河内《おおかち》
ガチ＝茨城県水戸市上河内《かみがち》
コウチ＝新潟県柏崎市川内《こうち》
コウヂ＝鳥取県岩美町田河内《たのこうぢ》
ゴウチ＝東京都江戸川区谷河内《やごうち》
ゴウヂ＝鳥取県日野町小河内《おごうぢ》
ゴチ＝鳥取県三朝町小河内《おごち》
コウヅ＝福島県郡山市河内《こうづ》
ゴウト＝茨城県那珂市東河内《ひがしごうと》
センダイ＝鹿児島県薩摩《さつま》川内《せんだい》

仙台も川内の別表記

宮城県の仙台市は戦国武将の独眼竜・伊達政宗の名と共に知られているが、戦国期には千代《せんだい》と書いていた。慶長六年（一六〇一）に、伊達政宗が青葉城を築いた時に、仙臺と改称し、後、仙台となる。

政宗が仙臺と改称した理由は、本人は語ってはいないが、唐の詩人・韓翃《かんこう》の詩の一節「仙臺初見五城楼閣」から採ったと言われている。新しい城を築いた時だけに、「仙臺に初めて五城の楼閣を見る」という詩句が、たいへん気に入ったというわけである。因みに、この仙臺は唐の首都・長安の西にある山で、仙人が住んでいたという伝説がある。政宗の漢詩の見識に感心しながらも、でき過ぎている話という感もぬぐえない。

慈覚大師円仁《じかくだいしえんにん》が、この地に千体の仏像を祀ったことが、この地名の由来であるという説もある。千体《せんたい》が千代《せんだい》になり、仙台に変わったというのである。この類の地名伝説は各地にあるので、茶飲み話として聞いておけばいい。

センダイの本来の意味は、これまで見てきた川内と考えるのが妥当だろう。この地は広瀬川と名取川に囲まれた、川間に開けた平地である。

広瀬川の西側には川内《かわうち》という地名があり、その地内には仙台市交通局川内営業所があり、近くに市営バス川内営業所もあって、その前のバス停は川内営業所前である。さらに地内には地下鉄東西線の川内《かわうち》駅があり、仙台亀岡公園もある。この地に残る川内地名が、仙台市の地名の原型を語っているものと言えるだろう。

第七章　漢字の多様な読み方――「生」の付く地名から

生川《うぶがわ》はなぜ生川《おぼっかわ》になるのか

河内・川内の読み方が幾通りもあったように、漢字は漢音・呉音などの音読みに加えて、日本ではかなり自由に漢字に和語を当てはめて、多様な読み方を創出している。それは特に地名によく見るのだが、その代表として、六〇余の読み方を示している、「生」の付く地名を挙げることができる。

埼玉県秩父盆地のシンボルとされる武甲山は、古来、秩父市内にある、地域の総本社・秩父神社の夜祭に見る信仰と、切っても切れない関係にあるが、山岳本体の所在は、むしろ隣接する横瀬町に属し、山開きなどは横瀬町が主催している。

武甲山を水源として横瀬町に下り、やがて横瀬川に注ぐ谷川を生川《うぶかわ》という。まさに武甲山が生み出した聖水、という思いを託した呼び方である。ただし、地元の呼び方はオボッカワである。秩父氏の出身である畠山重忠が、この川で産湯を使った故にウブ川と呼ぶ、という地名伝説を持つ。

生《うぶ》はウブ砂（土）・ウブ湯・ウブ毛などと同じ遣い方だが、それがなぜオボになるのかと見ると、狼を眷属《けんぞく》＝神の使いとする秩父・三峯神社では、周囲の山中で狼の出産があると、「生立《おぼだて》」と言って、その声のした所に食物を供える行事が行われていた、という記録に行き着く。さらに、新生児の宮参りを、秩父ではオブヤキ・オボヤキとかオベエヤキと言っていた。日本古来の風習である、「産屋明き《うぶやあき》」あるいは「生忌明き《うぶいみあき》」が言い崩れたものだろう。

島根県浜田市には生湯《うぶゆ》町があり、群馬県前橋市に生川《うぶかわ》交差点がある。そして栃木県鹿沼市には生子淵《おぼこふち》があった。

そうなると、オボは必ずしも、秩父の方言的な変化の仕方というわけでもなさそうである。そういえば、世間ずれしていない若者を「おぼこ」という。これは漢字を当てるなら「生子」だろう。岩手・青森・秋田地方では、幼稚だ・子どもっぽい・気が利かない事などを指して「おぼけない」と言うそうである。

〈生〉という字の読み方について調べてみると、ウブからオボへの変化だけでなく、実に多様なものがある。そこには、ウブからオボに至る過程と思われるような変化も見られた。たとえば、千葉県佐倉市の生谷《おぶかい》や、奈良県五條市の生子《おぶす》町である。ここには明らかにウブ⇩オブ⇩オボの移行経路が示されている。

〈生〉の字の多様な読み方

〈生《うぶ》〉のウが消えてブだけになった例もある。新選組の屯所があった事で知られる、京都の壬《み》生《ぶ》や栃木県下都賀郡壬生《みぶ》町他、壬生地名は全国で五〇は下らない。稲生《いなぶ》（高知県南国市）・宇《う》生《ぶ》（岡山県和気町）・尾生《おぶ》町（大阪府岸和田市）・小生田《おぶた》（千葉県長南町）などもある。〈鞍馬《くらま》〉〈相馬《そうま》〉〈馬上《もうえ》〉〈馬内《もうち》〉のように、地名に付く〈馬《うま》〉はたいがいウ音が落ちてマやモになる例が多いところを見ても、ウ音は省略しやすい音のようである。

岐阜県美濃市の〈蕨生〉は、そのままで〈わらび〉と読む。ならばわざわざ〈生〉を付ける必要はないだろうにと思うところだが、実は元は〈わらびう〉または〈わらびお〉と、読んだものだったと考えれば納得がいく。

三重県松阪市に〈御《み》麻《お》生薗《ぞの》〉という地名がある。〈麻〉は古くはオと読んだから、これはやはり〈生《う》〉が消滅したものであって、法則的な変化だったと言えるものである。

〈生《おう》〉は昔、「生える」という意味では〈生《お》う〉と言った。昔通りに発音すると〈生《お》ふ〉である。〈芝生〉は、今でもシバフという昔通りの言い方が残っている、珍しい例である。フ音がウ音になってしまった現代でも、シバウは言いにくいことが、シバフが生き残った理由である。オフはオヒ（現代ではオイ）と活用する。オウ・オイは「草生《お》う《ふ》」「生《お》い《ひ》立《た》ち」などと言う。これが地名になると座生川《ざおうがわ》（千葉県野田市）生石《おうしこ》（兵庫県高砂市）となる。

〈生《おい》〉の代表的な地名は「相生《あいおい》」である。合生《あいおい》（熊本県合志市）・新生《あらおい》（千葉県市原市）・荒生《あらおい》（千葉県東金市）・初生《はつおい》町（静岡県浜松市）など、変わった文字を当てた地名もある。〈生《おう》〉と同じく古典的な読み方に「生《おゆ》」がある。これを使った地名は、私の知る限りでは、千葉市中央区の「生実《おゆみ》町」だけである。

〈生《おう》〉のオが消えて、ウだけになっている例も多い。滋賀県の蒲生《がもう》郡。これは〈蒲生う《がまおう》〉＝〈GAMAOU《がまおう》〉⇩〈GAM《がも》（AO）U《う》〉というように（A・O）の二つの母音が融合して（O）になった結果である。

　そのような例が重なったために、慣用として〈生《おう》〉は上に何かの語が付くと、〈生《う（ふ）》〉と読むようになった。「芝生」がその典型である。

　群馬県の桐生（市）も同じ成り立ちで、地図的に読むとキリウだが、地元読みではキリュウとなる。岐阜県高山市の桐生町・滋賀県大津市の桐生、三重県伊勢市の場合は霧生と書くが、いずれもキリウ・キリュウと読む。同じ読み方で埼玉県には羽生《はにゅう》市・福井県には丹生《にゅう》郡がある。

　このように、「生《う》」は母音なので、上に付く言葉の語尾（母音）と融合して、発音を変化させる力を持つ。その結果、〈生〉が下に付く地名の中には、〈生〉が消えてしまった印象を受けるものもある。だが、右の例で見るように、母音の融合の法則を照合すると、〈生〉が消えてしまった理由が理解できるはずである。

浅生田（あそだ）石川県輪島市　＝ASAU《ASAU》田 ⇩ ASAU《ASO》田

莇生野（あぞの）福井県敦賀市　＝ASAU《ASAU》野 ⇩ AZAU《AZO》野

栄生（さこ）愛知県名古屋市中村区　＝SAKAU《SAKAU》 ⇩ SAKAU《SAKO》

久生屋（くしや）三重県熊野市　＝KUSIUYA《KUSIUYA》 ⇩ KUSIUYA《KUSIYA》

上延生（かみのぶ）栃木県芳賀町　＝KAMINOBUU《KAMINOBUU》 ⇩ KAMINOBUU《KAMINOBU》

牛生町（ぎゅう）宮崎県塩竈市　＝GYUUU《GYUUU》町 ⇩ GIYUU《GIYU》町

福生里（ふこおり）山梨県甲州市　＝HUKUUO《HUKUUO》里 ⇩ HUKUO《HUKO》里

皆生（かいけ）鳥取県米子市　＝KAIIKE《KAIIKE》 ⇩ KAIIKE《KAIKE》

蕨生（わらびょ）福井県大野市　＝WARABIO《WARABIO》 ⇩ WARABYO《WARABYO》

「天《あめ》・生田《うだ》」⇩「天生田《あもうだ》」（福岡県行橋市）、「安知《あんち》・生《う》」⇩「安知生《あんぢゅう》」（愛媛県西条市）、「石《いし》・生《う》」⇩「石生《いしゅう》」（岡山県勝央町）、「大麻《おおあさ》・生《う》」⇩「大麻生《おおあそう》」（埼玉県熊谷市）なども皆同じ成り立ちである。

最初にウブカワ⇩オボッカワで見た通り、ウ音はオ音に通じやすい。生をオと読む地名も多い。朝生《あさお》区（神奈川県川崎市）・粟生《あお》（千葉県九十九里町）・芋生《いもお》（兵庫県川西市）・生江浜《おえはま》（岡山県笠岡市）平生《ひらお》町（山口県熊毛郡）など。この用法は人名にもよく使われる。主に男性だが、郁生《いくお》・純生《すみお》・恒生《つねお》など。

《生》の字のついた様々な地名

次に〈生〉の様々な使い方を並べてみると——。

※カッコ内の地名は、同じ地名が複数ある場合には一カ所だけを挙げ、羽生市の場合は羽生というように市・町・村は省き、「上○○生」「下○○生」がある所は上・下を省略して、一つの「○○生」地名として取り上げた。

〈生《あが》〉紙生里《かみあがり》（岩手県一関市）
〈生《あれ》〉御生《みあれ》（京都府京都市）
〈生《い》〉生駒《いこま》（奈良県生駒市）
〈生《いか》〉生野《いかの》（香川県善通寺市）
〈生《いき》〉生土《いきど》（静岡県小山町）
〈生《いぎ》〉生栖《いぎす》（兵庫県宍粟市）

〈生《いく》〉生坂《いくさか》（長野県生坂村）
〈生《いけ》〉生部《いけぶ》（福井県福井市）
〈生《いこ》〉生守《いこもり》（福井県小浜市）
〈生《いも》〉今生津《いもづ》（富山県富山市）
〈生《う》〉菅生《すごう》（宮城県村田町）
〈生《うい》〉初生谷《ういだに》（和歌山県紀美野町）
〈生《うう》〉生子《ううこ》（香川県綾川町）
〈生《うえ》〉三子生《みこがうえ》（高知県北川村）
〈生《うぶ》〉産湯《うぶゆ》（島根県浜田市）
〈生《うみ》〉子生道《こうみどう》（堂）（愛知県新城市）
〈生《うる》〉富来生神《とぎうるかみ》（石川県志賀町）
〈生《お》〉生越《おごせ》（群馬県昭和村）
〈生《おい》〉生尾《おいお》（千葉県匝瑳市）
〈生《おう》〉蔵生《ざおう》（千葉県野田市）
〈生《おお》〉生石《おおしこ》（兵庫県高砂市）
〈生《おく》〉生島《おくしま》（静岡県浜松市）

〈生《おや》〉生振《おやふる》（北海道石狩市）
〈生《き》〉生畑《きはた》（京都府南丹市）
〈生《ぐみ》〉生野《ぐみの》（熊本県熊本市）
〈生《ごう》〉烏生田《うごうた》（栃木県茂木町）
〈生《さ》〉福生《ふっさ》（東京都福生市）
〈生《し》〉物生山《むしやま・むしゃやま》（滋賀県彦根市）
〈生《しゅう》〉武生《むしゅう》（福井県若狭町）
〈生《じゅう》〉麦生土《むじゅうと》（徳島県三好市）
〈生《しょう》〉国生《こっしょう》（茨城県常総市）
〈生《じょ》〉竹生《たけんじょ》（滋賀県野洲市）
〈生《じょう》〉道生《どうじょう》（埼玉県秩父市）
〈生《せ》〉越生《おごせ》（埼玉県入間郡）
〈生《せい》〉長生《ちょうせい》（千葉県長生郡）
〈生《ぜい》〉兵生《ひょうぜい》（和歌山県田辺市）
〈生《そ》〉佐生《さそ》（滋賀県東近江市）
〈生《なす》〉塩生《しおなす》（岡山県倉敷市）

〈生《なじ》〉子生《こなじ》（茨城県鉾田市）
〈生《なせ》〉日生《ひなせ》（岡山県備前市）
〈生《なば》〉生田目《なばため》（栃木県益子町）
〈生《なま》〉生品《なましな》（群馬県川場村）
〈生《なり》〉稲生《いなり》（島根県安来市）
〈生《にゅう》〉玉生《たまにゅう》（栃木県塩谷町）
〈生《ぬく》〉生見《ぬくみ》（鹿児島県鹿児島市）
〈生《の》〉大生《おおの》（茨城県常総市）
〈生《のう》〉城生《じょうのう》（富山県富山市）
〈生《はい》〉黒生《くろはい》（千葉県銚子市）
〈生《ばい》〉苗生松《なんばいまつ》（青森県平賀町）
〈生《はえ》〉中生見《なかはえみ》（愛知県半田市）
〈生《ばえ》〉柈生《はのきばえ》（岩手県遠野市）
〈生《ばさま》〉桜生《さくらばさま》（滋賀県野洲市）
〈生《び》〉子生《こび》（福井県高浜町）
〈生《ふ》〉鞠生《まりふ》（山口県防府市）

〈生《ぶ》〉幡生《はたぶ》（山口県下関市）
〈生《まる》〉手子生《てごまる》（茨城県つくば市）
〈生《まな》〉生板《まないた》（茨城県河内町）
〈生《む》〉芽生《めむ》（北海道平取町）
〈生《も》〉子生《こも》（三重県四日町）
〈生《やし》〉子生《こやし》（宮崎県綾町）
〈生《やす》〉子生《こやす》（東京都あきる野市）
〈生《ゆう》〉大ケ生《おおがゆう》（岩手県盛岡市）
〈生《ゆく》〉生家《ゆくえ》（福岡県福津市）
〈生《よ》〉加生野《かよの》（茨城県八郷町）
〈生《よい》〉弥生《やよい》（東京都文京区）
〈生《よう》〉加生野《かようの》（茨城県石岡市）
〈生《よど》〉風生沢《かざよどざわ》（岩手県奥州市）
〈生《ろ》〉浦生《うろ》（香川県高松市）

――（以上、68通り）

まだまだある、《生》の付いた珍地名

右に見てきた通り、地名における《生》の字の使い方や、読み方は、音の変化や意味の転用が、これでもかとばかりに続いていて、現地の人でなければ絶対に読めないものが多い。それは若い親が、自分好みの漢字を組み合わせて、適当な発音を与える、いま話題のキラキラネームに通じるものがある。

その最たるものが、千葉県山武《さんむ》市の旧地名〈生子宿〉ではないだろうか。さすがに、今はJA東日本の総武線の踏切に、その名を遺すのみになったようだが、これをハダカジュクと読む。ナマコ・ウブコ・オボコなどと当てずっぽうに読んでいた人も、正解を聞かされると、ちょっと間をおいてから、なるほどと膝を打つことになる。そうか、生まれっ子はみんなハダカなのである。

次の〈生〉の付く地名は、いずれも右に列挙した読み方のうち、どれかに該当するものである。脳トレのつもりで、その読み方にアタックしてみてはどうだろうか。（地名に続く市町村や、寺社名は省いてある）

①〈生《い》〉と読む地名

生櫛（いくし）岐阜県美濃市
苧生茂（おいも）岐阜県高山市

②〈生《いき》〉と読む地名

生月（いきつき）長崎県平戸市
生谷（いぎだに）兵庫県宍粟市

③〈生《いく》〉と読む地名

生石（いくし）大分県大分市
生田（いくた）神奈川県川崎市
生ノ浜（いくのはま）香川県丸亀市

④〈生《いけ》と読む地名〉

生田（いけだ）広島県安芸高田市
長生（ながいけ）徳島県阿南市
子生山（こいけさん）神奈川県横須賀市

⑤〈生《おい》〉と読む地名

粟生（あおい）大阪府茨木市

⑥〈生《う》〉と読む地名

粟生（あおう）茨城県鹿嶋市
赤生田（あこうだ）群馬県館林市
莇生田（あぞうだ）福井県福井市
稲生（いのう）三重県鈴鹿市
鳥生田（うごうた）栃木県茂木町
瓜生田（うりゅうだ）熊本県人吉市
賀名生（あのう）奈良県五條市
尾生（おう）高知県大豊町
麻生田（おうだ）三重県いなべ市
大生（おおう）千葉県成田市

大志生木（おおじゅうき）大分県大分市
大玉生（おおだもう）富山県富山市
折生迫（おりゅうざこ）宮崎県宮崎市
鹿子生（かこう）福岡県八女市
金生（かのう）福岡県宮若市
神生（かんのう）千葉県山田町
入生田（いりゅうだ）神奈川県小田原市
黍生谷（きびゅうだに）岐阜県高山市
子生和（こうわ）愛知県稲沢市
小丹生（こにゅう）福井県福井市
栄生（さこう）愛知県名古屋市
申生田（さろうだ）愛媛県宇和島市
柴生（しぼう）徳島県阿波市
園生（そんのう）千葉県千葉市
竹生（たこう）秋田県能代市
東鳥生（ひがしとりう）愛媛県今治市
蒜生（ひりゅう）福島県玉川村
船生（ふにゅう）栃木県塩谷町
大豆生田（まみょうだ）山梨県北斗市
虫生（むしゅう）静岡県磐田市
虫生（むしょう）千葉県匝瑳市
葎生（もぐろう）新潟県妙高市
桃生（ものう）宮城県石巻市
藺生（ゆう）滋賀県高島市

⑦〈生《お》〉と読む地名

雨生沢（あめおざわ）宮城県大崎市
伊左生（いざお）宮崎県国富町
芋生（いもお）兵庫県川西市
漆生（うるしお）福岡県嘉麻市
縄生（なお）三重県朝日町
大豆生（まめお）奈良県吉野村

⑧〈生《おい》〉と読む地名

新生（あらおい）千葉県千葉市
稲生（いなおい）山形県鶴岡市
生石（おいし）山形県酒田市
生出（おいで）岩手県陸前高田市
生田口（おいたぐち）京都府京都市
生出塚（おいねづか）埼玉県鴻巣市
金生（かなおい）山形県上山市
高生（たかおい）千葉県匝瑳市
松生（まつおい）石川県小松市

⑨〈生《おう》〉と読む地名

座生（ざおう）千葉県野田市

⑩〈生《しょう》〉と読む地名

往生地（おうしょうじ）長野県長野市
大生院（おうじょういん）愛媛県新居浜市
後生橋（ごしょうばし）宮城県石巻市
三仏生（さんぶしょう）新潟県小千谷市
関生（せきしょう）京都府京都市山科区

⑪〈生《じょう》〉と読む地名

竹生（たけじょう・たけんじょ）滋賀県野洲市
放生津（ほうじょうづ）富山県射水市

⑫〈生《せい》〉と読む地名

栄生（えいせい）愛知県豊田市
禾生（かせい）山梨県都留市
会生（かいせい）愛知県西尾市
金生（きんせい）鹿児島県指宿市
幸生（こうせい）三重県松阪市
生子（せいご）兵庫県南あわじ市

生母（せいぼ）岩手県奥州市

⑬〈生《なま》〉と読む地名

大生瀬（おおなませ）茨城県大子町

上生居（かみなまい）山形県上山市

生井（なまい）栃木県茂木町

生枝（なまえだ）群馬県白沢村

生畔（なまぐろ）岩手県盛岡市

生津（なまづ）滋賀県大津市

⑭〈生《にゅう》〉と読む地名

駒生（こまにゅう）栃木県宇都宮市

玉生（たまにゅう）栃木県塩谷町

藤生（とうにゅう）福島県南会津町

⑮〈生《はい》〉と読む地名

生山（はいやま）愛知県名古屋市

⑯〈生《ばい》〉と読む地名

苗生（なんばい）青森県平川市

⑰〈生《はえ》〉と読む地名

大生（おはえ）石川県輪島市

松生（まつはえ）熊本県芦北町

松生（まつばえ）徳島県つるぎ町

⑱〈生《ぶ》〉と読む地名

莇生（あざぶ）愛知県みよし市

宇生（うぶ）岡山県和気町

貴生川（きぶかわ）滋賀県甲賀市

土生（はぶ）富山県南砺市

吐生（はぶ）和歌山県串本町
垣生（はぶ）愛媛県新居浜市
上生（わぶ）熊本県合志市

⑲〈生〉の読みが消えた地名

朝生田（あそだ）愛媛県松山市
麻生中（あそなか）大阪府貝塚市
今生津（いもづ）富山県富山市
蒲生野（かもの）山口県下関市
小生（こも）三重県四日市市
蒲生（こも）京都府京丹波町
芝生（しぼ）大阪府高槻市
下若生子（しもわかご）福井県大野市
竹生（たこの）石川県宝達志水町
土玉生（どだも）富山県富山市
丹生附（につけ）鹿児島県霧島市
蓬生（よもぎ）福井県勝山市

⑳特種な例

城生（じょう）……「城《じょう》・生《う》」のはずだが、「（じょ）ウ」・「ウ」の音の重なりにより、上のウ音を「生《ウ》」が吸収した形になっている（宮崎県加美町）

太郎生（たろお）……「たろう・お」のはずだが、「生《お》」を生かして「郎《ろう》」のウ音が脱落、またはオが吸収している（宮崎県津市）

〈生〉の付く地名のベスト7

①弥生（やよい）

旧暦三月の呼び名。三月は冬の厳しい寒さに耐え抜いた、万物が芽吹き、成長を始める季節である。〈弥〉は弥栄《いやさか》とも遣うように、いよいよという意味をもつ。したがって、〈弥生〉は、「草木がいよいよ生い茂る月＝いや生い月」が約まったもので、未来への希望に満ちた言葉として、大変人気の高い地名用語である。

なお、縄文時代に次ぐ弥生時代の名称は、明治一七年（一八八四）、当時の東京市本郷区の弥生町で、縄文式土器とも古墳時代の土器とも異なった、壺形土器が発見されたことにより、新しい時代区分として、弥生式土器が生産された時代として名付けられたものである。

②相生（あいおい）

相生とは、二つ以上の道路や川が出合い、又は分岐する所を指す地名である。辻・出会・追分・分かされ・落合・道股・川俣・河合などの賀名で、相老いの意味をもつめでたい地名は、全国では一〇〇カ所を越えるだろう。

相生の意味は一つの根から二本の木が生える事なのだが、夫婦がともに長生きする「相老」に通ずるとして、町内共存の願いから地名としても喜ばれている。そのために、合併地名として、新しく採用した町もある。

③ 麻生（あそう・あざぶ）

麻生も全国的に見える地名である。アソウ・アサオ・アザブなどと読む。アザブと言う時には〈麻布〉と表記する場合もある。

『常陸国風土記』が、常陸国＝茨城県の行方郡の麻生地名の由来について、「沢に大きな麻が多く生えていたため」と説明している通り、麻の茂っている土地を言ったのが第一義だが、麻は現代言うところの麻ではなく、麻の一種ではあるが、古くから日本の衣類を織るのに使った〈苧麻《ちょま》＝からむし〉のことで、古くは苧《お》と呼んでいた。

『萬葉集』の東歌（三四八四）に、苧麻の繊維を紡いでいる歌がある。「麻苧《あさお》らを麻笥《おけ》にふさに績《う》まずとも明日着せさめやいざせ小床《おどこ》に」＝「麻の苧を麻笥いっぱいに紡いだとしても、明日着物に仕立てて着るわけではないでしょう、さあ、仕事はもうやめて寝《やす》もうよ」と、夜なべを続ける妻に呼び掛ける形を取った民謡である。

当時の庶民の衣類は、このように野生の苧を刈り取って来て、自家製の繊維を紡いで織るものだった。家族全員のものを紡ぐのは、主に女性の仕事である。因みに、「綜麻《へそ》繰り金」という言葉はここから生まれた。女性が〈綜麻を繰って〉＝撚《よ》り合わせて糸を作る作業によって、貯めた金の事である。

麻苧は庶民ばかりでなく、朝廷でも需要があって、古代の税制の貢納品にも指定されていて、産地から送られていた。

昭和の戦時中には、海外からの繊維の輸入が困難になったために、苧麻《からむし》や赤麻《あかそ》を使う事が復活した。当時、山村の国民学校の児童だった私たちは、夏休みの宿題として、山野に入り、一定量の苧麻や赤麻の刈干しを作って、供出する事を強制されていた。

そのように、麻は日本人にとって生活必需品だったために、麻の産地は注目に値する地名だった。

麻生の由来のもう一つの説は、崖崩れ地帯を言う、古語のアズ・アスである。日本最古の漢和辞典とされる、『新撰字鏡』（八九八）はアズについて「崩岸也《くずれしきしなり》、久豆礼《くずれ》、又《また》、阿須《あず》」と説明している。つまり、〈阿須＝崩れた崖〉という事である。やはり『萬葉集』の東歌（三七四一）に「崩岸辺《あずべ》から駒の行ごのす危《あや》はとも……」＝「崩岸《あず》の辺りを駒で行くように危《あや》うくても……」と、その危険性を例えている歌がある。

麻生はこの崩壊地を言ったあぞうに、この字を当てたとする説である。土地によってはその成り立ちの方が相応しい所もあるようだが、大方は生活に密着した苧麻の生い茂る所に由来を求めるのが適当と考える。

④羽生（はにゅう・はぶ）

羽生は埴生とも書き、埴《はに》＝赤土の粘土の産地をいう。埴は焼き物に適し、土器や埴輪が生産された。埴輪は文字通り埴で作った輪＝空洞の焼き物である。円筒埴輪はその呼び名にいちばん適った製品である。

大和政権の時代には埴輪その他の土師器の制作を司ったのは土師氏《はじし》である。そのもとで働く集団を土師部《はじべ》という。『日本書紀』によると、土師氏の祖は天穂日命《あめのほひのみこと》で、後裔の野見宿祢《のみのすくね》が、第一一代垂仁天皇の諮問に応じて、殉死者に代わる人や馬その他、埋葬する調度品を象《かたど》った埴輪を作成して大いに喜ばれ、天皇から土師職《はじのつかさ》を任命され、元の姓を改めて土師連《はじのむらじ》の姓を与えられたという

天皇は、以後、殉死を禁じ、埴輪を以てそれに代行するよう詔《みことのり》する。土師氏はそれより埴輪の作製はもとより、天皇の葬送の儀を始め、古墳を造営したり葬送儀礼にも携わる氏族として、古墳時代、各地に勢力を伸ばした。

武蔵国においても、旧前玉郡《さきたまぐん》＝後の埼玉郡の羽生地域を初めとして、古利根川流域に土師氏の勢力圏が広がっている。羽生市の古墳群からはたくさんの埴輪が出土し、中には全国的にも

珍しいものなどもあって、羽生地名の由来を示している。

⑤ 土生（はぶ）

羽生は原義に近いのは埴生だが、ハブと読むと別表記として土生が出て来る。羽生《はにゅう》地名は東北・関東全域から、新潟・富山・石川・岐阜など日本海側に圧倒的に多く、静岡から西に行くと、ハブと読むのはほとんどが〈埴生〉と〈土生〉である。埴は焼き物によって食器類を生産する事から、土を代表するものとして、土＝埴という感覚で、〈土生〉の表記が生まれたものなのだろう。

鳥取県はもと伯耆国《ほうきのくに》。その東伯郡湯梨浜町宮内は、かつて第七代孝霊天皇の仮宮殿があった所に比定されている。この辺りは〈埴見郷《はなみごう》〉と呼ばれ、『和名抄』にも記載されている古い地名である。ハナミはハニミが訛ったもので、この土地は良質の粘土を産出し、古代の窯跡があったという。隣の智頭《ちづ》町には〈埴師〉の地名がある。仮宮の瓦や土器を焼く、宮内直属の土師部が居住していた所なのだろうか。

同じ東伯郡北栄町には〈土下《はした》〉という地名がある。〈土〉をハと読む例は、わずか土生というときにだけ見える読み方である。同じ地域に隣り合って〈埴見《はなみ》〉と〈土下《はした》〉地名が並んでいる事からも、〈埴＝土〉の捉え方が見て取れるというものである。

広島県尾道市因島《いんのしま》土生町に鎮座する大山神社の本殿の脇には、埴山と称し、神社周辺の山から採取した赤土を高く山形に盛り上げて、四方を幣帛で囲んだものがあり、災厄を防ぐ神聖な土として、崇拝者を集めている。

これは古い信仰の形を止めたものと思われるとともに、〈土生町〉の鎮守の森の〈埴山〉の存在が、〈羽生＝土生〉であることを証明していると言えるだろう。

なお、特殊なのは愛媛県で、ここでは〈垣生《はぶ》〉と表記している所が幾つもあり、福岡県にも一カ所あるが、地元の研究者は、〈垣〉は〈埴〉の誤記だろうと言っている。

また、東京都大島には波浮の港がある。ここは承和五年（八三八）の火山の噴火でできた火口湖だったが、元禄一六年（一七〇三）の元禄大地震とその津波のために湖の縁が決壊して、海と繋がったものである。このハブは、アイヌ語の〈波飛沫が立つ磯のほとり〉と解釈されている以外に、由来を解く説はないようである。

愛知県の〈羽布〉は土生の別表記である。和歌山県の〈吐生〉は、〈土は万物の生を吐く〉という、中国の思想を背景にしながら、〈吐《はく》〉のハ音を使ったものと解釈することができる。

⑥丹生（にう・にぶ・はにゅう）

〈丹《に》〉は厳密に言うと水銀の原料である朱砂《しゅしゃ》の事だというが、広くは赤土を言い、特に赤色の顔料となる土を言う。〈丹生《にう》〉・場所によっては〈丹生《にぶ》〉は、その土の生まれる所、つまり顔料となる赤土の産地である。

〈丹〉は頭頂の赤い鶴を丹頂鶴《たんちょうづる》と言うように、赤いという意味である。中国では赤色は神聖な色とされていて、神社や宮殿の梯子を赤く塗る風習があって、これを丹陛《たんぺい》と言い、転じて天子の宮殿を指すようになった。日本でも神社の鳥居や神殿を、赤く塗っているものが多いのはその影響である。

『古事記』の神武天皇が妻選びをする時に、大久米命が、神の子として推薦した娘は、三輪の大物主神が見初めて、丹塗りの矢に化けて通った、美女が産んだ娘という触れ込みだった。丹塗りの矢は、雷神の表徴で、強い占有権を示すものと考えられている。

『萬葉集』などによく見る枕詞の〈さ丹つらふ〉は赤く照り輝いて美しいという意味で、「我が大君・君・妹・紅葉」などを美化し、賛美する形容である。また、同書巻一四の歌（三五六〇）でも、「真金《まかね》吹く丹生の真朱《まそほ》の色に出て……」＝「鉄を精錬する丹生の赤土のように色に出して……」と、〈丹生＝赤土〉は赤色の代表として扱っている。それが当時の常識的な感覚だった事が分かる。

『万葉集』といえば、その巻三（四二〇）の歌の作者は丹生王《にうのおうきみ》といい、巻四（五五三）の歌は丹生女王《にうのおうきみ》の作である。両者とも他に記録のない人なので、詳細は一切不明だが、おそらく当時の丹を生産する部を司る王族だったのだろうと推測されている。

漢音・呉音とも、丹はタンと発音して、ニとは読まないのだが、日本でニと呼んでいた赤土を、漢字では丹と書いていたので、その字を当ててニと読むことにしたものである。

ニュウの発音は単に言い易さの問題だが、これをハニュウと読むのは〈丹＝赤土＝埴〉と、土類・地質を大まかに括った発想による呼び方である。各地にある丹の生産地は丹生と呼ばれ、その生産に携わる者が丹生部であり、それは土師部らの仕事と深く関わりながら、産地と共に自ら居住する土地の名も丹生になったものと思われる。

⑦壬生（みぶ）

壬生という地名は全国各地にあるが、本来の意味は水生で、泉や水辺・湿地帯を指すものと言われている。新選組の屯所で知られる京都の壬生は、もと〈水生《みずぶ》〉と書いた通り、この辺りは大変な湿地帯で、平安京が衰退した後は、この一帯は水田や畑に戻り、水耕栽培が行われた。ここで採れた水菜は水生菜と呼ばれているそうである。

ところで、〈水生〉になぜ〈壬生〉の字を当てたかというと、〈壬〉の字は干支《えと》の〈水の兄《みずえ》〉であることによる。

泉や湿地帯は全国どこにでもある。あまりにも普遍的すぎると、特徴がないためにかえって地名にはなりにくい。

それでも各地に壬生地名が散在する理由は、もう一つ、古代氏族の壬生部の存在である。水辺を出自として壬生と名乗った氏族が、皇族の乳母の役目を担ったので、〈乳部〉を〈壬生〉に置き換えてミブと読んだものという。

『日本書紀』によると、第三四代推古天皇一五年（六〇七）の春二月に、聖徳太子が王位継承者の御名代＝王族に仕える私有民として、〈壬生部《みぶべ》〉を定めたとある。ここでは〈壬生部〉とあるが、同書の第三六代皇極天皇・是歳《このとし》の条には〈乳部〉と書いて〈これを美父《みぶ》という〉と註を付けている事からも、〈壬生部＝乳部〉であることが分かる。

因みに、この条文は、「是歳、蘇我蝦夷が、権勢をほしいままにして、先祖の廟《まつりや》を造営し、天子の行事にしか許されない八佾《やつら》の舞《まい》を舞わせたうえに、国中の民を動員して自分と、子・入鹿のための巨大な陵墓を築いて、聖徳太子の〈乳部の民〉を集めて墓の運営に奉仕させた」という記述である。

天皇をもないがしろにするような、蝦夷・入鹿父子の振る舞いが、諸豪族の義憤を買い、中大兄皇子と中臣鎌足らに暗殺される要因となった。

右の条文にある「聖徳太子の乳部の民」だが、皇族の子女養育の財政的基盤として置かれた、直轄地・壬生部の民である。皇族の子女の養育に当たる者は、広く深い教養が求められるために、広い視野と先進的な知識を持った、渡来系の王族や学者が壬生部を統括する任に充てられることになる。

この時、武蔵国には豊島・埼玉・男衾の三郡に乳部が設定されている。男衾郡の乳部の管掌者には、渡来系の壬生吉志《みぶのきし》が着任している。この一族は代々この地の開発に携わり、莫大な富を貯えたらしく、八世紀初頭には男衾郡の大領として、壬生吉志福正の名が記録にあり、退任後は、承和二年（八三五）に焼失した、武蔵国分寺の七重の塔の再建を願い出て許され、自力で造営を成し遂げた事が『続日本紀』に記されている。この資金は現在の価額に換算すると、数十億円になるという。

壬生に付く吉志は渡来した新羅国の王族に与えた称号＝姓とされているが、ミブの表記については、（乳部 にゅうぶ ⇩ みゅうぶ 壬生部）と変化したものとする説がある。

いずれにしても、各地に置かれた御名代の〈乳部＝壬生〉が地名となり、さらには、壬生一族が枝分かれして開拓した土地が、壬生と呼ばれたりして、全国にその名が広がったものである。男衾郡の大領が居住した榎津郷《えなつごう》は、現熊谷市の荒川右岸に当たる江南地区に比定されているが、そこに隣接する地域として、その勢力範囲であったと思われる秩父の名は、あるいは、この壬生《ちちぶ》と関係があるのではないかという説もある。

第八章　人々の暮らしの跡を刻んだ地名

賑わった市の記憶を伝える地名

数字を冠した地名は無数にあるが、その中で市《いち》に関する地名は、かなり高い率を占める。行政的な市《し》の単位で見ると、先ず三重県に四日市市がある。千葉県には、合併して今は匝瑳《そうさ》市になっている、旧八日市場市があった。新潟県には十日町市・広島県に廿日市《はつかいち》市がある。東京の今は合併してあきる野市の一部となっている、五日市町も知られている地名である。

市《いち》・市場《いちば》は市庭とも書くが、その歴史は古く、市の発展はそのまま、日本経済の発展の姿とも言える。

八世紀以前の代表的な市は、当時から四大市と言われた、海柘榴《つば》市《いち》・餌《え》香市《かのいち》・阿《あ》斗桑市《とのくわいち》・軽市《かるのいち》である。その共通点は、都に通ずる主要道の交差点である。

餌香市は河内国の大和川＝初瀬川と、餌香川＝現石川の合流点にあり、道路と舟運と併せて交通の要衝で、ここには国府も置かれていた。『日本書紀』の雄略天皇一三年（四三〇）の条に、天皇が罪を犯した臣下への処罰として、その財産を餌香市の橘の木の下に、被いもしないで直に置かせたという記述がある。「資財《たからもの》を露《あらわ》に餌香市辺の橘の木の土《ところ》に置かしむ」というだけで、何の説明もないのだが、たぶん物資を並べて、競売に付したということだろう。

その記述にある橘の木は、この市のシンボルで、屋根のない市の日除けとして、沿道の並木になっていたらしい。阿斗の市には桑を植えて、阿斗桑市と称している。

餌香市についての別の記事では、この付近に渡来人の村が置かれていて、市には渡来人が醸した旨酒《うまさけ》が並び、正月用の酒を大量に購入したことなどが記されている。また、宝亀元年（七七〇）には、市司《いちのつかさ》が置かれたことが見える。

阿斗桑市は大阪府八尾市植松町辺りだろうと言われている。ここも交通上の要地で、『紀』の敏達天皇一二年（五八四）是歳条《このとしのじょう》に、百済の使人の館を建てて住まわせ、必要な物資を支給したとある。今で言えば、百済国の大使館の施設ということである。ここには大連物部守屋《おおむらじもののべのもりや》の別荘もあった。

軽市は今の奈良県橿原市大軽の辺りで、大和三山に囲まれた飛鳥・奈良時代の要地で、藤原京・飛鳥宮跡とも重なる土地である。

『萬葉集』巻二・二〇七の柿本人麻呂の、亡き妻を偲ぶ長歌に、「軽の道は吾妹子が里にしあれば＝軽の道は我が妻の生まれた土地だから」……「吾妹子が止まず出で見し軽の市に＝我が妻が毎日のように出かけていた軽市」という一節がある。歌の結びは、亡き妻を慕って市に出掛け、その雑踏に佇《たたず》んで耳を澄ましてみても、懐かしい声も聞こえず、似た人も通らないので、こみあげる気持ちを抑えきれずに、妻の名を呼んで、その霊に向かって袖を振ったことであるという、哀切な思いを述べているのだが、それだけでも、それぞれの思いを抱いた人々が行き交う、軽市の賑わいが想像できるというものである。

『日本書紀』巻二二・推古天皇二〇年（六一二）二月の条には、天皇の母・堅塩媛《きたしひめ》を檜隈大陵《ひのくまのおおみささぎ》に葬った時、近くの軽衢《かるのちまた》で追悼の催しを行い、霊前にたくさんの供物を供えて、貴人たちが弔辞を述べたことが記されている。

海柘榴市のシンボルは椿・椿の市である。椿は当時、霊木の一つとされていた。市は三輪山の麓・現奈良県桜井市金屋の辺りにあった、古代最大の市である。市には幾つもの主要道が集まる大和川＝初瀬川の川津があった。川の源流はもっと上流にあったが、この川津を出発点として舟で下ると、大阪湾の難波の津に出る。

推古天皇一五年（六〇七）、遣隋使の小野妹子が出発したのも、この津であり、難波津から大陸の隋に渡り、翌年帰国したのもこの津である。帰国に当たり、妹子は隋の使節団を連れて帰った。天皇は海柘榴市の津に上陸した使節一行を、飾り立てた馬七五頭を差し向けて歓迎した。この頃、海柘榴市は都市の賑わう川港の町として、官舎もあり、公の人や物資を運ぶための厩《うまや》も設けられていたことが分かる。

つまり、海柘榴市の津は、大和と大陸とを結ぶルートの出発点であり、終着駅でもあった。そのために、欽明天皇二三年（五五二）に、百済の聖明王から贈られた、金銅製の釈迦仏像と、経典が到着したのもこの津である。仏教が最初に我が国に伝来した地となった。

一説には五三八年の事とするが、中高生の頃、歴史の年代暗記で「仏は互々に《552》百済から」とか「仏放っとけゴミ屋《538》さん」などと、懸命に唱えた人もいるだろう。後者は、この時天皇が、仏教を受け入れるかどうかを、群臣に諮問した事を背景にした句である。蘇我馬子《そがのうまこ》は崇仏を主張し、物部守屋《もののべのもりや》・中臣勝海《なかとみのかつみ》らは反対し、両者の溝は深まり、やがてこれが血で血を洗う、政争へと発展していったことは、有名な歴史上の事実である。

市は言霊も行き交う巷《ちまた》

『日本書紀』の記事の中で海柘榴市が最初に出てくるのは、第二五代・武烈天皇（在位四九八~五〇六）がまだ皇太子だった時、四九七年頃のこと、物部麁鹿火《もののべのあらかひ》の娘・影媛《かげひめ》にラブレターを送ると、影媛は海柘榴市で会いましょうと返事を返す。太子がいそいそと市に出かけると、媛は待っていたが、そこにやって来た、媛の恋人・平群鮪《へぐりのしび》が割って入り、男二人の激しい歌の掛け合いが始まる。

その後は、また悲劇的な事件となって終わるのだが、それは別として、この話も、市が男女の出会いの場であったことを示している。この市が大勢の人々が行き交う八十《やそ》の衢《ちまた》と呼ばれて、男女の出会う歌垣の場であった事は、本書五〇頁の「実名は他人には教えない」の項で見た通りだが、もう一つ万葉の歌を追加すると、巻一二・二九五一に「海柘榴市の八十の衢に立《た》ち平《なら》し……」の句がある。「立ち平し」とは、「地を踏みならして踊って」ということである。このように大勢の男女が歌って踊って、相性の良い相手を探し合うのである。

「八十の衢」とは「(たくさんの)道股《みちまた》＝交差点＝分岐点＝合流点」ということで、この雑踏は物品の交換・商いの市や歌垣ばかりでなく、霊魂や言霊・精霊の行き交う場とも考えられていた。四方八方に通ずる道は、また霊界とも通ずる道と考えられていたのである。つまり、八街は霊界との境目であり、その出入り口を意味していた。

先に見た、雄略天皇が罪を犯した臣下の財産を没収して、市に並べたという処罰や、推古天皇の亡母の追悼を軽の衢で行ったこと、人麻呂が亡き妻を慕って市に出かけ、妻の霊に呼び掛けて袖を振っているところなど、すべて市に寄せる当時の思想の表れである。

また、言霊の幸わう国として、当然、八街には言霊が行き交うものと信じられていた。『萬葉集』巻一一・二五〇六の歌、「言霊の八十の衢に夕占《ゆうけ》問《と》ふ占正《うらまさ》に告《の》る妹《いも》はあひ《あい》寄《よ》らむ」は、言霊のはたらく衢で夕占をして問うてみたところ、彼女はまさしく私に寄るだろうと、占《うら》に現れたという喜びの歌である。

朝占《あさけ》・夕占《ゆうけ》・辻占《つじうら》は、昼夜の境目である朝夕の、人の顔がおぼろげに見える頃に、霊界との境界でもある八衢に佇《たたず》んで、そこを行き来する人の言葉を聞き、そこに神の啓示を感じて、事のなり行きを占うというものである。それは万葉巻四・七三六の大伴家持の歌、「月夜には門《かど》に出《い》で立ち夕占問《と》ひ……」や巻一一・二五〇七の、「玉鉾《たまほこ》の道《みち》行《い》き占《うら》にうらなへ《え》ば……」などの句からも読み取れることである。

推古天皇（在位五九二～六二八）が飛鳥豊浦宮に都を移す、いわゆる飛鳥時代が始まるまでは、二三代に及ぶ天皇がこの周辺に宮を築いていた。四世紀から七世紀まで、この地は大和政権の中心地で、ここで営まれた海柘榴市は日本最大の市場だったわけである。

平安時代になってからも、清少納言が『枕草子』で「市は辰の市・里の市・海柘榴市」と挙げて、長谷寺に参詣する人は必ず海柘榴市に寄るのは、観音様のお導きによる故かと感想を述べているように、初瀬の観音詣での拠点として、この時代にもかなりの賑わいを見せていた。

しかし、その後は次第にさびれて、現在は静かな住宅街になっている。

市から始まったミセとタナ

この時代の市はまだ固定した商店が軒を並べるものではなく、道沿いに植えた橘や桑や椿といった、霊木の並木の下陰に物品を並べて交換したり、商ったりしたものである。品物を並べて、道行く人や、必要なものを探しに来る人たちに、見せるから、見《み》せ＝店《みせ》という語が生まれた。簡単な棚を作って物を並べるから、棚《たな》＝店《たな》とも言った。

最近はタナという言葉はすたれたが、一昔前までは、田舎の個人商店などで、店番をするお婆さんがお茂さんならば、その名を冠して「お茂店《しげだな》」と呼ぶ習慣が残っていた。歌舞伎の「与《よ》話情浮世横櫛《はなさけうきよのよこぐし》」で、切られ与三郎が元恋人のお富さんに出会う場面の「玄冶店《げんやだな》」＝「源氏店《げんやだな》」がそれである。

各地で自然発生的に始まった市は、大和政権が整うにつれて、官の寄与が高まり、やがて官制のものとなっていく。だが、平安時代になると国＝朝廷が全国の土地を所有して、六年毎に戸籍を改めては土地を分配する、公地公民の制度はくずれだして、有力な貴族や大きな寺社が私有地を拡大するようになると、そこで行われる市も私的なものになる。

商人や職人は、その市で自由競争をするよりも、貴族や寺社の保護を受けて組合を作り、纏めて上納金を納める代わりに、市場を独占的に使う事を考えた。土地を所有する貴族や寺社も、個別に土地代を徴収する面倒が省けるので、それを歓迎した。その同業者組合を座と言った。芸能関係者にも座ができた。座は利益を独占するものだから、新参者は排除されて閉鎖的なものになっていった。

それが全国的なものになるにつれて、大名や領主・寺社など土地の所有者は、上納金の他に収入を求めて、市に来る道に関所を設けて、通過する人馬や物資に、通行税を掛ける事もした。その最盛期には、京都から大阪までの淀川沿いには、約四〇〇カ所の関所が造られ、伊勢神宮の宮街道では、桑名と四日市を結ぶ約一六キロ程度の道に、六〇カ所もあったという。

三斎市《さんさいいち》=月に三回の定期市

鎌倉時代になると、農業や手工業が発達し、銭の流通が盛んになると、年貢で納められた物品の換金のために、荘園や公地で月三回の定期市が行われるようになった。史料的には三度市と言ったようだが、今はこれを三斎市と呼んでいる。「斎」は区切りという意味である。

地域の実情に応じて、一の日もあれば五の付く日もあり、場所は交通の要路の交差点や、寺社の門前、または地頭の館の近くなど、人の集まりやすい所で行われた。

清少納言が挙げた市の名の中に「辰の市」があったように、平安時代にはすでに、干支による「辰の市」や「酉の市」なども行われていた。それが三斎市に取り込まれた場合もあるだろうが、「酉の市」は今も浅草その他にその名残を遺している。

さらにそれは月に六回の六斎市へと続き、鎌倉後期以降はそれが中心になる。あまり税の負担が大きくなると、商工業は委縮する。また、時代と共に商工業が発達すると、従来の座から締め出された人たちとの間の矛盾が大きくなる。戦国時代になると、下剋上の風潮と、乱世という事もあって、座の結束や締め付けにもほころびが出はじめる。

領主の中にも、新しい企業者も含めて自由に活動させた方が、領内の経済活動が活性化するのではと、考える人が出てきた。近江国の守護大名・六角定頼や駿河国の今川氏真・美濃国の斎藤道三らである。彼らは座を解散させ、市を開放して、領内の商工業の活性化を図り、それぞれ成果を上げている。

守護大名とは、幕府から任命されて任地に赴き、そのまま任地で力を付けて、その地を私有化して大名になったものである。六角定頼などは、時代の流れにいち早く順応して、自分の力で守護大名になっただけに、経済活動にも鋭い感覚で見通しを持ったものと思われる。

座の解散と市の自由化を「楽市楽座」と言った。学校の教科書などでは、楽市楽座は織田信長が始めたと書いているが、詳しく見れば、信長はこれらの先駆者の成功に学んで、天下統一を目指して領土を広げる度に、その政策を実施して、全国的にその影響を及ぼした事から、信長の所業とされているものである。

具体的には、永禄一〇年（一五六七）尾張国の信長は、美濃国の斎藤道三の子・竜興の稲葉城を落として美濃一国を手に入れ、稲葉城を岐阜城と改めて、天下統一に踏み出そうとした時のこと、まず、戦乱で荒れた城下町の復興と、経済発展が大事だと考えた信長は、道山の始めた楽市楽座の政策を引き継いで、市の税の免除と自由参加という触れを出して、自由市を推奨した。これが信長の楽市楽座の始まりである。

信長は、翌年には物流の妨げになる、国境や領内の関所を廃止して、主要道路の拡幅を行い、馬継ぎ場を整備したり、道路わきに街路樹を植えるなどして、遠くから往来する商人や、通行する人馬の便を図った。

信長の目的は、営業を活発化させて、領内の経済を豊かにすることだったが、もう一つは商工業者の営業を保護する事によって、隣国などの商人を引き抜くことだった。これによって、相対的に周辺の国々の経済は縮小し、国力は衰えて、勢力は逆転することになる。

もう一つの狙《ねら》いは、座を解散させて、信長に敵対する貴族や石山本願寺・比叡山などへの上納金を減らして、相手の有力な財源を絶つことだった。当然、相手方は猛反発して、石山本願寺や比叡山と信長の壮絶な戦いは、歴史に見るところである。

信長は領地を広げる度に、その政策を積極的に展開したので、商工業者から絶対的な支持を得て、一部の者が独占する既得権を次々に打ち破って、開放的な市場経済の道を開いた。

各地の戦国大名もこれに倣い、競って領国の経済発展を期して、市の保護と管理に乗り出したので、この頃から全国的に六斎市が定着していった。

幕府や藩が推奨した六斎市

江戸時代、戦乱の世は終わり、平和になると、ますます市は盛んになる。この頃の市はほとんどが幕府や藩が取り仕切る六斎市だった。六斎市が機能的に行われた、典型的な例が秩父盆地の中にある。秩父盆地は真ん中を仕切る荒川に両断されていて、時代によって多少の出入りはあるものの、ほとんどは右岸が忍藩の領地で、左岸は幕府の直轄領だった。定期市のスタートは地域差があるのだろうが、かなり早くから領地の違いを越えて、次に見るように組織だったものになっている。

旧秩父町の古名である大宮郷が、一と六の日、つまり、一日・一一日・二一日と、六日・一六日・二六日に市を開く。次は長い年月の間に、贄川村と野上村が入れ替わるが、二と七の付く日の六日間・下吉田村で三と八の日・大野原村で四と九の日・上小鹿野村で五と一〇の日の開催と決まっていて、これを暦に落とすと、秩父盆地の中では一年三六五日、毎日どこかで市が開かれていたことになる。

村ごとに月に六日間、市が開かれるのだが、その六日間も同じ場所でやるわけではない。村の条件に応じて利益の均等を期し、少しずつ場所を変えていた。大宮郷の場合を見ると、中心街が上町・中町・下町と区分されていて、そこは通りを挟んで東西に分けられる。ここで市を開くのだが、常設の中心地は置かずに、一日が上町西地区とすれば、六日は中町東地区へ、一一日は下町西地区へというふうに、ジグザグに中心地を移して負担や利益の均等化を図っていた。

これは、『江戸時代・人づくり風土記11・埼玉』(社団法人・農山漁村文化協会刊)・「にぎわう六斎市に集う人々」(山崎春江)の項一七八頁に適切な図があるので、引用させていただく。

ここでは市の場が隣接しているので、山村によくある、上・中・下という、川の流れに沿った地名になっているが、市場が少し離れると、一日の市が行われる土地は一日市《ひといち》と呼ばれ、五日に行われる土地は五日市ということになる。

市が立つくらいだから、当然そこには地名があったはずだが、市が定着すると、地名を言うよりも、目的によって「一日市に行ってくる」と言うようになる。多くの人がそう呼ぶと、そ

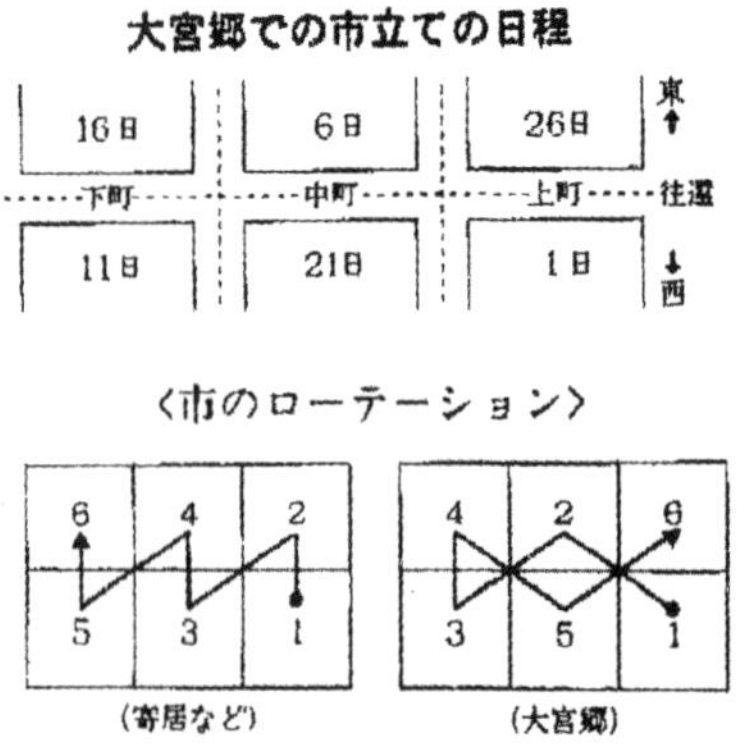

(上)江戸時代から明治にかけての市立ての位置 (下)ローテーションの組み方は村の自主性に任されていた

れが通り名になって、やがてそれが定着してしまうことになる。日付け市の場合は、皆そのような経過をたどっているものだろう。

青森県八戸市には、表通りに面する町に、三日町から十三日町〜二十三日町〜八日町〜十八日町〜廿八日町と並び、裏通りに面した町に、朔日町〜十一日町〜廿一日町〜六日町〜一六日町〜廿六日町と連なった日付け町がある。これは大宮郷と同様な市の配列の名残と、見ることができるようである。

秩父夜祭と六日マチ

大宮郷＝現秩父市には、一二月になると、六日マチと呼ばれる市が立つ。これは秩父神社のお祭りが、かつては旧暦一一月一日から、三日の祭礼日を中心に、六日まで付け祭りが行われ、それに付随して、六日間にわたって絹市が立ったことを言ったものである。

秩父神社の創設は古く奈良以前にさかのぼり、土地の祖神・八意思兼命と知知夫彦命・天之御中主命等を祀ったものだが、平安末期に当時の中村郷を拠点として武威を張った秩父氏が、北斗七星を神格化した武門の神・妙見菩薩を合祀して以来、神社は妙見様と呼ばれるようになっていた。

したがって、お祭りは夜、妙見様＝北斗七星が出てから行われるので、「妙見待ち」と呼ばれた。中世以来、民間で行われていた、日の出や月の出を待って行う「お日待ち・月待ち」と同じ呼び方である。

妙見待ちは「秩父のマチ」とも言われたから、マチは祭りを言う秩父方言という誤解を生んだが、これは「秩父の妙見待ち」ということである。

六日間の妙見待ちに付随して行う、六日市。「市は人が集まって賑わうから町という」と、説く向きもあるが、本意は「六日間行われる妙見待ち（に行われる市）」とする方が妥当だろう。

祭りと市の相乗効果

中世以来、秩父は絹所として知られ、江戸時代には江戸市中はもちろん、関西からも、問屋や買い継ぎがやって来た。中でも年間の養蚕が終わる一一月の夜祭りと、これに付随した絹市は、祭りの派手な屋台傘鉾・各地から集まる屋台店などの人出と相まって、大変な活況を呈していた。

六日町が終わると、各地から参集した行商人は、次の祭りを目指して思い思いに散っていくのだが、荒川沿いに下る商人は、翌日、野上村で市を開いた。これを戻り市とか、帰り市と言った。六日町で売れ残ったものを処分して、なるべく売り尽くして帰ろうとすることから、大幅に値下げして「ぶん投げ市」などとも言ったようである。近在の人たちは、例年の事としてこれを知っているから、鍬や鎌などの農具を求める人たちで、相当に賑わっていたということである。

祭りや絹市の収益は、藩の財政を潤した。松平定信の寛政の改革では、奢侈禁止令といって、贅沢を戒め、農閑期に行われる祭りや、農民の娯楽まで、質素倹約を旨として、厳しく取り締まった。秩父神社では祭日に屋台の上で催す子どもの踊りまで禁止されて、毎年、特別許可願を出していたが、許可は下りなかった。

祭りは、神霊を慰めるために始まったと言われる。豪華な飾りの屋台・笠鉾の引き回しと、その上で行われる、地元の人の歌舞や子どもの手踊りなどがあってこそ、神と人との交歓が果たせるのだが、その人出がなければ市も立たず、祭りは寂しいものになる。

祭りがもたらす経済効果も分かっていて、神社の嘆願を秘かに後押ししていた地元の代官が書いた、幕府からの不許可の通知を伝える文書が残っている。そこには、言い訳めいた言葉が連ねられていて、地元と幕府の板挟みになっている、立場上の苦悩が強く感じられるものになっている。

付け祭りの効用と、それを禁止されたための、経済の落ち込みを詳しく書き記した、神社からの嘆願書は、やがて幕府を動かし、祭りは復活する。市にはそれほどの経済効果があったのだ。

秩父盆地内の二日と七日の市は時期は不明だが、贄川村から野上村に移っている。このように市が移動する事を市引きと言った。市引きは地元の経済に直結する事なので、地元の調整やら領主の承認やら、大変な手続きが必要だった。

二つの村の市引き騒動

埼玉県小鹿野町の旧家には、市引きで一騒動があった事を、克明に記す文書が残っていた。承応二年（一六五三）の事、今は同じ町内だが、かつての薬師堂村で晦日市《みそかいち》の権利を持っていた岩田忠兵衛が、隣の上小鹿野村に引っ越すに当たり、地元に断りもなく、上小鹿野村の陣屋の辺りに市神を祀り、当時、連雀宿と称していた、行商人の宿の営業許可を取ったりして、市引きをしてしまった。

納まらないのは、薬師堂の人たちである。連名で抗議文を送り、交渉を続けたために、翌三年に忠兵衛はついに折れて、「拙者、不届につき」と詫び状を入れて、ようやく一件落着する。けれども、これには後日談があった。忠兵衛の詫び状は、それから一一四年も後の、明和五年（一七六八）になってから、中に立つ人の口利きで、岩田宅に戻されたのである。

詫び状の中には、忠兵衛の立場から色々と言い訳めいた事も記されているが、何としても「拙者、不届につき」と詫びた事は、本人にとっても岩田家にとっても不名誉であり、後の小鹿野市の地域に及ぼす計り知れない効果から考えても、納得できない事だったのだろう。

小鹿野市の繁栄ぶりを横目に見ながら、薬師堂の人たちのモヤモヤした感情も、後を引いていたものと思われる。

ちょうどこの頃は、秩父盆地の生糸や絹織物の取引は絶頂期で、市はどこでも盛っていた。その状況を示すものに、当時の地元の連歌師たちが詠んだ連歌の一節がある。「／花曇りこころも花咲く小六染め／吉田小鹿野の市の春風／今でさえ秩父は絹の旗頭／……」。小六染めは延享年間（一七四四～四八）に、歌舞伎役者・嵐小六が流行らせた、粋な紅白左巻きの手綱染めの事である。

連歌には故郷の盛況への高揚感が詠み込まれているが、この連歌師たちも、昼は桑を摘み、蚕を育てて、女衆が紡いだり、織ったりした生糸や絹布を、市に持っていって商う農民だった。秋の夜長や雨の日などには、各地でこうした連歌の会も催されていた。市の活況はこうした農村の文化をも育てていた。

それにしても、詫び状の取り戻しは、置き換えれば、今を生きる私たちが、明治の末に曽祖父か、あるいはその親たちが、やり取りした文書を、返すの返さないのと騒ぎ立てていることになる。今ならよほどの旧家でもない限り、そんな文書は、所在さえ分からなくなっているのではないか。

いくら時の流れがゆったりとしていた時代とはいえ、両者ともに、その詫び状をここまで意識していたという事は、この市引きの件を巡って、両者の間に一〇〇年以上にわたる蟠《わだかま》りが、切れることなく続いていたことを示している。今ではとても考えられない事だが、ここからは、当時、市の存在がそれだけ重要なものだったという事も読み取れる。

この上小鹿野村の市は、先に見た、秩父盆地の中を一巡するサイクルの中にあって、今の国道二九九号線に沿った、信州との繋がりから、特に米を輸入して、大事な役目を果たすことになる。米の取れない山村の秩父では、明治になるまで、米どころの児玉や熊谷方面からの街道が整っていなかったために、遠く信州から険しい峠を越えて運ばれる米が、貴重な存在だった。今に残る国境の十国峠の名は、武蔵国に向けて、馬で十石とも言える大量の米を、運ぶ峠に由来するものだった。

小鹿野町には信濃石《しなのいし》の地名もあり、信濃市ではなかったかと推測させる。同地区の八剱神社《やつるぎじんじゃ》の境内に座る大岩は、信州から運ばれたという伝説を持つ。神社の由緒も祭神も不明だが、欅の古木に囲まれた、立派な神殿をもつこの神社は古く、かなりの由緒を思わせる。

全国的に見ると、同名の神社は、素戔嗚尊《すさのおのみこと》や大国主命《おおくにぬしのみこと》など、出雲系・諏訪系の神を祭神としているものが多いことから、これは、諏訪湖の湖面の氷に亀裂が走る時の、御神渡《おみわた》りの神事を行っている、諏訪市の八剱神社との関わりが思われる。

嘆願書で復活した市商人向けの茶屋

定期市は、朝七時なり、八時なりの、決まった時間に、鐘の合図で、市神へ、不正取引をしないなどの、誓文《せいもん》を上げてから始まる。上小鹿野村の市神は、後に八坂神社と改称された天王様で、その祠は大正時代まで、陣屋近くの道の中央にあった。今は移転されているが、お祭りは地元の人たちによって、今も続いている。

文政八年（一八二五）に成った、幕府編纂の地誌、『新編武蔵風土記稿』は、上小鹿野村近辺の生業について、農間には山に入って薪を取り、市に持って行って売り、女は絹や黄麻《おうま》＝縦糸は麻・横糸を絹で織った布を織り、烟草《たばこ》・楮《こうぞ》・干し柿・大豆・青豆・黒豆などを、生活の諸品と交易していると記している。

その上で、上小鹿野村については「大宮郷は郡中第一の繁栄にて、其次《そのつぎ》には当村なり。上中下三町ありて小鹿野町と唱《とな》へ、諸品を商う店ありていと賑《にぎわ》はし。其他《そのほか》、所々に散在せる民戸《みんこ》あり。合せて二百六十八軒」とあるように、この頃には市の立つ道路わきには、家屋の店先で商う商家も軒を連ねていた。

上小鹿野村に隣接する上吉田村は、土坂峠を越えて、下吉田や上小鹿野の市にやって来る、上州からの通路で、道筋の農家では農閑期の稼ぎとして、茶や飯を給し、草鞋《わらじ》・馬沓《うまくつ》などを商う家があった。

ところが、天保一四年（一八四三）、代官所から百姓の副業禁止のお達しが出た。近年、百姓の商いをする者が増え、現金収入があるために、質素の古風がすたれて、奢《おご》りがましい風俗が広がった、という理由である。

困ったのは臨時商いの百姓より、休憩所を閉ざされた、遠路、峠を越えて市に物資を運ぶ、馬方や商人の方だった。上吉田の百姓、・太平次と仲次郎は組頭二名の助力を得て、お代官様に「恐れながら」と、嘆願書を提出した。「ここは上州甘楽郡《かんらぐん》の村々より、市場へ向けて、日々人馬の通行する場所です。殊に、遠路山路を越えてくる人馬は、ここで一膳飯・酒升売《さけますう》り・茶碗並びに馬沓・草鞋などを、当てにしておりましたが、商いを禁止されてからは、旅人は飲食もままならず、暑さ寒さを凌《しの》ぐこともできずに、難儀をしております故、何とか再開をと、強く要望されておりますので、格別な御慈悲を以って……」というものである。

ここからは、市への参加者がかなり広範囲だった事と、商人の市立てや百姓の商い事が、幕府や藩による、厳しい統制と管理監督の下に行われていたことが読み取れる。

盛んな市の馬繋ぎ場不足

今、狭い日本の国土では、どこでも、人が大勢集まるところほど、駐車場問題に頭を悩ませているが、昔の市場も同じ問題を抱えていた。市場で集散する物資の運搬は、近ければ、人の手で引くネコ車があるが、ほとんどは馬の背に積む小荷駄《こにだ》である。

街道筋や市場の近くには、馬の継ぎ立てをしたり、休憩をする立て場があるのだが、市が盛るほど馬の数が増えて、市が始まる定時には、立て場は馬で満杯となり、遠くから遅れて来る馬は、立て場を探して右往左往することになる。

上小鹿野村の市も、例外ではなかった。困り果てた地元商人たちは、元禄一一年（一六九八）のこと、市の世話役七名の連署で、近くの陣屋の屋敷の一画を、馬立て場に使わせてほしいと、嘆願書を提出した。理由としては、「お陣屋の屋敷分には、広い空き地もあるが、拙者共の屋敷の裏などは、農事用の諸道具などを置くだけで手いっぱいで、殊に市のある日には、村々から来る馬置き場御座無《ござな》く、迷惑仕《めいわくつかまつ》り候《そうろう》」という事である。

元禄といえば、町人文化が華やかになった時代だが、この年は江戸市中の米穀が不足したため、幕府は諸代官に、江戸へ米を回すように命じ、酒屋には新たに運上金＝雑税を課したうえで、酒造量を五分の一に制限したり、生活に困窮する旗本・御家人には、特別給付金を支給するなど、幕府にとっては大変な年だった。

当時の幕府と、一山村の百姓町人との関係で見れば、これは尋常な事ではない。商人たちが、恐る恐る願い出た条件は、「お借りする土地は、御用の時はいつでもお返しし、お年貢は御意《ぎょい》次第《しだい》＝土地使用料は仰せのまま、お幾らでも結構です」というものだった。

許可が下りたのは、一〇カ月後のこと。恐らく、この間には、前例のない事として、代官からの事情聴取やら、幕府へ取り次ぐ、上司への手続きやら何やら、一様にはいかない、あれこれがあったものと推測される。

明治期の市はますます盛んに

商人たちにとって、この認可はどれほどありがたかった事か。こうして上小鹿野村の市は、明治になってからも、ますます繁盛していた。記録によれば、明治一一年（一八七八）には、下小鹿野村の奈倉地区に新たな市立てが許可され、近隣の下吉田の三・八の日と、上小鹿野の五・一〇の日の間を取って、二・七の日と決められている。

さらに明治二〇年（一八八七）には、これまで春日町・上一丁目地区に限られていた、上小鹿野の市に、隣接する上二丁目が新たに加わって、会員七〇名が、厳しい罰則付きの改正規約に署名している。

それらの市の賑わいぶりは、明治二五年（一八九二）九月二日付のある百姓の日記の「前原常蔵、先市十三円スラレル」の記述からも分かる。市日には掏摸《すり》が出るほどの混雑ぶりだったのである。因みに、前原は市の隣村にある集落の字名である。

先市とは八月最後の市日の事。常蔵は、繭の売り上げ金でも所持していたのだろうか。当時、生糸一〇〇グラムで一円、それで米が九升五合＝約一七リットル買えたのだから、一三円は大金である。

いま、山村から町に通ずる小さな峠などに残る「市道」の名は、地域の先人たちが、六斎市へ通うために、日々踏み固めた記憶を宿す呼び名である。

前述の『風土記稿』の、秩父郡横瀬村の屋敷跡とする一項には、「小名・寺阪にあり。横瀬六郎左衛門なる者の邸跡なりと云伝《いいつたう》ふ。その続きに字・今市と云《いえ》る所には、町家ありて市など立ちしよし」という記述がある。これは六斎市が制度化される以前、恐らくは室町〜戦国時代頃に、横瀬六郎左衛門なる者の一族が、仕切っていた市が、ここにあった事を示すものだろう。

当時の「今市」の地名は、いまは消えて無くなったが、このように、市の記憶の消滅とともに、忘れられた市に関する地名も、各地にあったものと思われる。

暮らしの記憶を残す、市の付く地名

前述の日付市以外の、いまに残る市の付く地名を幾つか探してみると、一日市は、新潟県魚沼市に、一日市と、下一日市がある。兵庫県には二カ所あるし、群馬県前橋市・秋田県八郎潟町・山形県天童市などにもあるが、読み方はみなヒトイチである。また、愛媛県西条市では、朔日市《ついたちいち》と書いてツイタチと呼んでいる。

二日市《ふつかいち》では、福岡県に二日市温泉がある。この筑紫野市二日市は、そこを通過するJR九州・鹿児島本線の駅名にもなっている。石川県と岡山県にはそれぞれ三カ所も二日市がある。

三日市《みっかいち》は全国的にも多くあり、中でも多いのは富山県で、高岡市他三カ所ある。続いて新潟県に三カ所、三重県・石川県にも各二カ所ある。

六日市町《むいかいちまち》は、新潟県長岡市と、福井県福井市に。島根県鹿足郡《かのあし》にもあったが、平成一七年（二〇〇五）に合併して、今は吉賀町《よしかちょう》六日町となっている。

七日市《なのかいち》は群馬県藤岡市の地名。その他に、秋田県・石川県・岡山県・島根県などにも、同様の地名がある。岐阜県恵那市には地名にはなっていないが、大井町に市神神社があり、正月七日には、三五〇年の伝統をもつ、七日福市が賑やかに行われている。この市神の存在は、かつてこの地で六斎市が行われていた証拠である。市には必ず市神が祀られ、市の開始日には、初めにその神前で祭文が上げられるのが常だった。

九日市《ここのかいち》は新潟県村上市・島根県美郷町・兵庫県豊岡市などにある。広島県庄原市の九日市はクンチイチといい、天正年間（一四七三〜九二）から始まったという。平成一三年（二〇〇一）から、町おこし事業で再開し、毎月九日を市日と定めて、今も続いている。

広島県には廿日市市がある。世界遺産の厳島神社や、安芸の宮島などがあり、けん玉発祥の地とも言われている。

秩父盆地内の市の断片的史料を見ても、申し合わせが時々緩んで、参加権利がない人に、秘かに家の前の場所を提供したり、開始時刻を守らずに、内々で絹取引をしたり、という事例が発生して、その度にお上に訴えたり、改めて覚書を取り交わしたり、という事が繰り返されている。これは恐らく、全国的に行われていた事例と考えていいだろう。

また、これまで市がなかった皆野村で、市を開く案が出ると、大宮郷の商人たちは、近隣の市が衰微するといって反対し、役所を巻き込んだ論争になっている。江戸中期には「吉田小鹿野の市の春風」と、盛況を誇っていた下吉田の市が、江戸末期になると、大宮郷の商人の勢いが増して、吉田の市への絹の出品が減少したために、吉田側が抗議するという一幕もあった。しかし、それは大宮郷側に一蹴されたために、裁判沙汰に発展するなどと、大きな騒動になった。

このように、市は商人にとっても、消費者にとっても、生活に密着したものであるだけに、様々な人間模様が織り込まれていた。

日付のある地名は、このような地域の生活史を、土地に刻んだものとして、興味深いものがある。

盆地と外界を繋ぐ五〇本の峠

四囲を海に囲まれている日本列島の内実は山国である。交通の面から言えば、峠の国とも言えるだろう。中でも山に囲まれた盆地は、まさに峠の郷である。古代には知々夫国と呼ばれ、四囲の山々を隔てて、武蔵・上野・信濃・甲斐の四つの国に囲まれていた、埼玉県の秩父盆地は、それらの国に出入りするための峠が五〇近くもあった。

武蔵国に出入りする峠は、多摩地方からは仙元峠・西谷峠。入間からは正丸峠・虚空蔵峠・山伏峠・妻坂峠・鳥首峠。

比企方面からは二本木峠・粥仁田峠・定峰峠・笠山峠・白石峠・七重峠・高篠峠・大野峠・刈場坂峠。大里からは波久礼峠・金尾峠・葉原峠・浅間峠・塞ノ神峠・釜伏峠。これだけで二二の数である。

上野国＝現群馬県からは、赤岩峠・志賀坂峠・魚尾道峠・矢久峠・坂丸峠・杉ノ峠・土坂峠・三ツ山峠・太田部峠となり、さらに群馬から児玉郡を経て秩父に入る峠もたくさんある。それを挙げると、石間峠・奈良尾峠・風早峠・住居野峠・杉ノ峠・出牛峠・糠掃峠・不動峠・間瀬峠・榎峠・大槻峠・筑坂峠の一二峠である。

なお、杉ノ峠が二つあったが、前者は群馬県万場町と秩父郡小鹿野町の倉尾地区を結ぶ峠であり、後者は群馬県鬼石町から埼玉県の本庄市児玉町太駄を経て秩父へ入る峠である。

信濃國への峠は直接には十文字峠・三国峠の二つだが、信濃に入ってからまた幾つもの峠がある。甲斐国への峠は、将監峠・雁峠・雁坂峠。

以上、合わせると四八筋の峠である。

およそ三通りの峠の名付け方

右の峠から見ると、峠の名付け方は、およそ三通りと考えられる。一つは、最も分かりやすい例で言えば、白石峠とか赤岩峠、あるいは杉ノ峠・風早峠のように、その峠の特徴から呼んだ、独特の名称である。浅間峠や、塞ノ神峠、虚空蔵峠のように、峠に祀る神社に由来する名もそれである。

二つ目は、峠の登り口の地名を取った峠名である。宿場町で賑わった、皆野町出牛からスタートする出牛峠。長瀞町の金尾峠・旧大野村＝現ときがわ町の大野峠なども、スタート地点の地名からの呼名である。

三つ目は峠を越えていく先の、目的地の名を冠した峠名である。太田部峠・奈良尾峠・魚尾道峠など。

国府への道は正丸峠

国道二九九号線に沿った正丸峠は、今はトンネルが抜け、鉄道も通って、峠の印象はほとんどないが、かつては秩父国＝知知夫国と武蔵国の国府とを結ぶ最も重要な峠として、枝道の虚空蔵峠と共に、上古より栄えた峠と言われている。

例の『風土記稿』は、正丸峠について、秩父郡南川村＝現飯能市の「南沢峠」と記し、「一に小丸峠、又は秩父峠ともいへ《え》り。秩父街道にて当村と芦ヶ久保村の堺なり」と述べている。また、別には、村の東はこの峠を境として、阪元村の小丸組に接していると記述している。

今、大野峠の近くにある丸山＝秩父郡横瀬町所属・県民の森展望広場あたりは、かつて大丸と呼ばれ、それに対して、小丸組にある小山を小丸と呼んでいたものと言われる。

その小丸を音読みして、正丸の字を当てたのが、現在の正丸峠である。かつては庄丸と書かれたこともある。そうなると、この峠は南沢峠・小丸峠というときには、出発地点の名を冠した峠であり、秩父峠と呼ぶときには、目的地名を付けた名称ということになる。

この辺りは外秩父と言われている通り、かつては秩父領に属していたので、地元の人たちは峠を越えて、芦ヶ久保〜大宮郷との交流が深かった。その生活感覚から言えば、峠の名は、自らの地名で呼ぶのが自然だったのだろう。

秩父峠の呼び方は、もっと広域的な秩父街道の感覚である。旧秩父町は、中世以降大宮郷と呼ばれて、秩父の中心的な存在だったが、峠の麓に比較的近いにも関わらず、目的地としては大宮峠でなく、秩父峠・秩父街道と呼ばれたのは、古くから秩父盆地全体＝知知夫国・秩父国に通ずる峠という、認識によるものだったと思われる。

それは奈良時代から平安時代にかけて、今の東京都府中市に置かれた国府に、租《そ》や調《ちょう》の貢納物を運ぶ道であり、万葉集・巻二〇に名を遺す、防人に指名された大伴部少歳《おおともべのおとせ》が、「大君の命《みこと》畏《かしこ》み美しけ《(き)》真子《まこ》が手離り《(れ)》島伝《つたい》ひゆく」＝「天皇の御命令を畏れ多い事とお受けして、愛しい妻の手元を離れて、こうして村々を過ぎて、防人の任地に赴こうとしている」と、方言混じりに詠いながら、越えた峠である。

鎌倉時代以降は、鎌倉街道上ッ道にも通じ、さらには、秩父を通過して、三峰・大滝から雁坂峠を越えて、甲斐国へと通ずる道筋でもあった。

箱根を凌ぐ険しい峠

先の市の項で見た、薬師堂村から上小鹿野村に、市引きが行われた年の一〇年ほど前のこと、正保年間（一六四四〜四八）に、幕府は財政基盤を明確にするために、村高＝国勢の調査を実施した。その全国的な記録は、『正保田園簿《しょうほうでんえんぼ》』と称され、国別には『武蔵田園簿』と呼ばれている。

その田園簿に記載された、二四〇〇余の村のうち、秩父郡内は七三カ村だった。今はそれぞれ、飯能市・ときがわ町・東秩父村に所属している、いわゆる外秩父の一二カ村を除くと、盆地内は六一カ村になる。

当時の年貢は、土地の生産物による物納が普通だった。ところが、この田園簿によると、武蔵国の中でも、秩父盆地内の六一カ村と、隣接する児玉郡の秩父寄りの数カ村だけが、金納制とされていた。これは、稲作のできない山村は、稲の代わりに、換金作物を生産しなければならなかった事を示している。

それにしても、こんな小さな盆地内だけで、貨幣経済が回るはずはなく、外貨獲得のための努力が、求められたはずである。考えられる主要生産物は生糸・絹織物・木材・薪・炭などである。これらのものを、日々どこかで催される市に並べて、外部からの買い付け商人に託したり、一大消費地である、江戸へ送ったり、また、そこまでの道筋に当たる、平野部の宿場町などに届けていたのだろうか。

材木のような大物は筏《いかだ》に組んで、荒川を下って江戸に送っていた。これは現代の長距離運送業者のように、専門の筏師が大勢いて繁盛していたが、絹や薪炭は筏というわけにはいかないから、皆、馬の背に載せて、峠を越える他はなかった。

江戸時代になると、秩父は絹市の他に、秩父札所巡りも盛んになる。江戸からさして遠くないことから、信仰と観光を兼ねた巡礼者が、続々と詰めかけていた。特に、江戸詰めの女官や、商家の女将さん方にとっては、「入り鉄砲と出女」が厳しく取り締まられた、関所がないという好条件によって、秩父観音霊場は気楽に出入りできる旅先だった。

当時の江戸方面から、秩父への入り口は三つあった。最初に見た通り、一つは古代からの入間方面・所沢～飯能～正丸峠～秩父のルートである。二つは川越～小川～粥仁田峠・定峰峠などの比企ルート。三つ目は熊谷～寄居～金尾峠を越える大里ルートである。

歴史的に見れば、正丸峠はその代表的な峠である。それほど重要な峠だったのだが、この峠に関する古い記録は見当たらない。幕末に近い文化元年（一八〇四）は、国内では、幕府が朝鮮通信使と対馬で接見し、ロシア使節レザノフが漂流民を護送しながら、日本に貿易を求めるなど、海外の窓口が開けてきた頃で、フランスではナポレオンが皇帝になった年である。

その年、江戸の国学者・林国雄が、秩父などの旅の見聞録として、『十方庵遊歴雑記《じっぽうあんゆうれきざっき》』なる本を発行した。そこに描かれている正丸峠は、道の悪さは尋常ではなく、箱根越えがいかに険阻といえども、この峠に比べれば平地のようなものだと述べている。

そんな峠をようやく越えると、今度は狭い道の両側から、びっしりと伸びた桑の枝が、馬上の人の視野を塞いでいると、迷惑そうに枝を掻き分けて行く、旅人の姿が目に浮かぶように描いている。

繭の増産を予祝する小正月の行事として、養蚕農家が大事にする繭玉の神事さえ、桑株を伐って使う事を禁じて、梅の枝を以て代行するようにと指導した、幕府や藩の事である。桑の枝が通行の邪魔をすることなど、問題にはしなかったのだろう。

十方庵＝国雄の峠道の迷惑顔は、大宮郷にたどり着くや、今度は驚きと称賛の色に変わる。立派な商店の軒並みと、一・六の日に立つ六斎市の賑わいに、こんな山の中にこれほどの市町があったとは、という驚きである。

幕府財政緊迫の中、住民が自力で峠拡幅

さて、次に、「天下の険」と歌われた箱根路をはるかに凌ぐという、正丸峠の実像を、詳しく語っている文書がある。天保一二年（一八四一）の日付だから、十方庵の旅日記より三七年後の事になるが、荒廃した「秩父峠」の道普請の資金募集について、両麓の名主や世話人総代らが、連名で発した文書である。

要約すると、「武州秩父郡南川・芦ヶ久保両村の境の南沢峠は、江戸より吾野通り秩父筋の往還で、秩父峠といって、御伝馬人足＝公用の役人や物資を運ぶ課役に従事する馬や人はもちろんの事、商人衆や荷物を運ぶ牛馬の往来、その他、神社仏閣に参詣の旅人たちが、連日多数

通行する古来よりの往還でございます。ところが、ここ数年の大雨による水害で、あちこちが崩れて道幅が狭くなり、牛馬が互いに道を譲って、待ち合う場所さえなくなって、すれ違うことさえ困難になっています。この峠は元来、険阻な崖続きで、荒れる度に手入れをしていますが、何分、自然の荒廃には逆らえず、人馬の通行に難儀を来しておりますので、この度、両村で申し合わせて、峠の頂上を切り通し、芦ヶ久保追分まで約一里の間の道幅を切り開くことにして、お役所への届けも済み、工事にとりかかったところです。しかし、高山にして岩間のために工事は難渋し、その費用は自力ではとても賄いきれないので、近隣村々の奇特なお方や、通行の旅人らに御助力を願っているところでございます。……」。

後は、工事が完成した暁には、交通も便利になり、その効果は公私ともに計り知れないものがあると、綿々と述べたうえで、寄付者の御姓名は木札に記して、永く普請所に掛けておきますので、宜しくお頼み申しますという案内である。

天保一二年といえば、老中・水野忠邦が、財政の引き締めと、物価の抑制を目指して、天保の改革を始めた年である。その頃、対外的には、ロシアを初めとする列強諸国が、幕府に開国を迫り、これを拒否する幕府との間に緊張が高まったため、蝦夷地の経営強化の必要が、幕府の財政難に拍車をかけた。

国内では、数年前から続く凶作による飢饉が発生し、物資不足と物価高で、都市部でも飢え死にする人が出るほどだった。幕政に対する不満から、民衆による一揆や打ちこわしが多発、大阪では奉行所の元与力の大塩平八郎の乱が起きるなど、社会は荒廃していた。

　これに対する改革政策は、身分の上下に関わらず、華美な服装や贅沢な食事を禁止し、庶民の楽しみだった歌舞伎の制限や、寄席の数を減らし、人返し令といって、都市に流出した人を、農村に帰るように命じるなど、全てが人々に倹約と我慢を強いるものだった。

　そんな時だけに、通行もままならない、重要な峠であっても、地元の人々は、修復改善を役所に願い出ることもできずに、自力で何とかしようとしたものだろう。文面によると、役所は、届け出を認可するだけだったようである。

「山のあなたの空遠く、幸い住むと人の言う」。ヘルマン・ヘッセが歌ったように、いつの時代にも、人は峠の向こうに、様々な夢や希望を持って越えた事である。中には、例えば人返し令のように、無惨に夢を引き裂かれて、泣く泣く峠を引き返した人もいるかもしれない。どこの峠も多かれ少なかれ、そんな人間ドラマに彩られているはずだが、秩父盆地の人たちにとって、正丸峠はその象徴的な存在だったと言えるだろう。

第九章　名前や地名に見る機知に富んだ言葉遊び

おもしろい名字と名前

かつて私の知人に三次郎という人がいた。読み方はシロウだった。三の次は四というわけである。珍男子という名もあった。ウズヒコと読む。なかなか凝った名前で、少年時代には色々苦労もあったろうが、長じてその意味を知ると、誇りをもって、名付けてくれた親に感謝したことだろう、

『日本書紀』の国生み神話に、イザナギが「我、天下を統治すべき珍《うづ》の御子《みこ》を生まんと思う」と述べる場面がある。原文は「吾欲生御寓之珍子」という漢文調だが、訳すとこういうことになる。

飛鳥京の時代（六七二〜六九四）に作られたとされる祈年祭——毎年二月に行われる、農

作物の豊作を願う春祭り——の祝詞《のりと》に、天皇が神前に「宇豆《うづ》の幣帛《みてぐら》を捧げて」豊作を願うという詞がある。さらに萬葉集の巻八・九七三の歌では天皇の手を「宇頭《うづ》の御手《みて》」と歌っている。宇豆・宇頭は、いずれもウヅという日本語の音を表記するために当てた漢字だが、珍はその意味を表そうとしているものと考えられる。珍という字は尊いものを表す玉に、純粋さを表す㐱を合わせた「混じりけのない珠玉」の意味から、宝物・尊いもの・美しいもの・珍しいものの意味をもつ。

とすれば、右の三例は、尊い御子・尊い御幣（御幣＝お供え物）・尊い御手という事になり、珍男子は尊い男子という意味となる。

次は「男子」をヒコと読む謂れだが、古代日本では男子を尊んで日子＝太陽の子と呼び、女子は日女と呼び、それぞれ彦・姫の字を当てた。珍男子は珍彦《うづひこ》の意訳だったのである。名付けた親の教養の深さがしのばれるというものである。

数字に戻ると、一番合戦と書いてイチマカセという名字がある。これも難解だが、一番ケ瀬か一曲瀬が訛ったものだろうと聞けば納得がいく。曲瀬は川瀬が大きく曲がっている所のことだから、これあたりが妥当なのではないか。

八月一日や八月朔日をホヅミと読む名字もある。昔は旧暦の八月一日に稲の初穂を摘んで神前に供え、豊作を祝す行事を行った。今、稲の収穫は根元から刈るが、昔は穂だけを摘み取った。穂摘みはそれを言ったものだが、豊作の印象を強めるために穂積と書いた。姓としては古代豪族の穂積臣《ほづみのおみ》にまで遡る。本拠地は大和国山辺郡穂積村とされている。

廿六木はなぜトドロキと読むか

秩父市の滝沢ダムに沈んだ地域に、トドロキという名の集落があった。「廿六木」と書いた。これがなぜトドロキかというと、かつては「十々六木」とも書いたと聞けば納得がいく。

地名の意味は、ある日、耕地内の渕にとてつもない大草鞋が流れ着いたのを見た、村人たちのオドロキがトドロキになったという、他愛もない伝説から、耕地の高みにある大岩の上の大木が、大風で倒れた時の大音響によるとか、不動滝の水音に由来するなど、説明は様々である。

山形県の庄内町に全く同じ「廿六木」地名がある。ここは川の瀬音が激しい所なので、自ずから地名の謂れを語りながら、滝沢ダムに沈むトドロキの意味をも示唆している。新潟県燕市にも、同じ「廿六木」地名がある。

多摩川を挟んだ東京都世田谷区と、神奈川県の川崎市中原区には、同じ「等々力」地名が向き合っている。これは元・等々力村が、多摩川の流路の変更によって分断されたものである。

戦国時代の文献には、「とどろ木」とか「兎々城」などの表記も見える。名の由来は、等々力渓谷の不動滝のたてる轟音にあるという。

そのものズバリの「轟」地名も各地にあるが、見てきたように同音の地名でも、その表記は実に様々で、それによって意味までも様々な連想を生む。

東京都八王子市には廿里町と書いて、トドリマチと読む地名がある。これは意味もトドロキに関係がありそうだが、表記の廿は十・十だからト・ドと読ませているわけである。

また、高知県の南国市には「廿枝」と書いてハタエダと読む地名がある。二〇歳をハタチと言うように、廿はハタと読む。枝は枝郷と言って、一つの村から分かれて独立した村を言う。ここは古代の豪族・秦氏の支配地であったところから付けられた地名だという。

さらに、千葉県市原市には廿五里と書いて、ツイヘイジという難読地名がある。古くは津伊《つい》比地《ひじ》とか、露地《つゆひじ》と読み書きしていたという。

築比地《ついひぢ》とは、築泥《ちくひぢ》のことで、土を突き固めて築いた土塀《どべい》や築堤《ちくてい》を言う。比地《ひぢ》は泥を言う古語である。築比地は今はふつう築地《つきじ》・筑地《ついじ》と言って、その指すところは、湖沼や海の埋め立て地の意味にまで広がっている。

奈良・平安頃から、貴族の邸宅は築泥を巡らすのが普通だった。清少納言は、『枕草子』のなかで、「人に侮られるもの」として「ついぢの崩れ」を挙げている。それは土塀を巡らすほどの邸宅に住む人の、衰退の象徴に見えたものであろう。

築地用の土の少ない山村では、代わりの石垣を、ツイジまたはチイジと呼んでいる地方もある。

この地に頼朝が崇拝する、東泉寺という寺があった。頼朝は毎月、使者をたてて、焼香を欠かさなかったという。その使者が来る、鎌倉からの距離が廿五里だったので、ツイヒジの地名に二十五里の字を当てたものだという。

さらに、石川県中能登町には、「廿九日」と書いてヒヅメと読む地名がある。旧暦では大の月の月末が三〇日、小の月の月末は二九日である。日を詰めていくと月末になるから、廿九日は日詰《ひづめ》という理屈である。「晦日」とも書いたが、これはミソカと読まれるので、廿九日に定着したものとか。

地名の由来は、溜池の樋詰めの意味とか、古代の馬場の蹄跡からきたものとか言われているが、いずれも推論の域を出ず、定説にはなっていないという。

廿の文字は、地名になると、ずいぶん色々な遣われ方をしたものである。

廿九日＝日詰＝飛詰＝蚊爪＝日々詰

先ほどの石川県の例では、「日詰」を月末と捉えて「廿九日」と書いていたが、そのまま「日詰」と書く地名が、岩手県紫波町と富山県氷見市・秋田県大館市・長野県長野市などに見える。恐らく同じ意味だろうが、秋田の男鹿市には「比詰」という地名もある。紫波町の日詰は「日爪・比爪・肥爪」と書いた事もあるという。富山の高岡市には「樋詰」・京都府日向市には「樋爪」がある。そして兵庫県の猪名川町には「飛詰」と書く地名が。「樋詰」や「樋爪」は溜池の樋詰めだろうと見当がつく。「爪」は橋の袂や橋番の詰め所をいう橋詰を橋爪と書く例からみて「詰」の当て字である。

「日詰・比詰・飛詰」などは、文字から見ては見当がつかないが、溜池の樋詰か、二十九日に行われる市の事だろうと言われている。

石川県金沢市には「蚊爪」という変わった地名がある。これも難読地名だが、カガツメという。意味は日詰と同じ「日々詰」だという。そう言われても現代人にはすぐに納得できる人は少ないのではないか。そこで三日《みっか》・四日《よっか》の読み方を示されれば、「日々」がカガと読まれることは納得がいくだろう。

使用例としては、ずいぶん古い話だが、記紀の日本武尊の東征神話で、甲斐の酒折の宮に泊った尊が、焚火を囲みながら、火焼《ひた》きの翁《おきな》に「新治《にいばり》・筑波《つくば》を過ぎて幾泊目になるだろうか」と問うたときに、翁が「日々並《かがな》べて夜には九夜《ここのよ》、日には十日《とおか》を（経過しました）」と答える場面がある。「日々並べて」は「日々を指折り数えてみて」ほどの意味である。

金沢市の蚊爪＝日々詰も、やはり月末・二十九日の定期市が、地名になったものだという。

昔からあった言葉遊び

宮城県気仙沼市には「十八鳴浜」、同石巻市には「十八成浜」があり、どちらもククナリハマと読む。その砂浜は石英を多く含むため、歩くとククと音がする。ククの擬音語を「九＋九＝十八」という計算式を用いて表記したものである。

いずれも洒落た名付け方と感心するところだが、実はこういう技法（戯法？）は古くからあった。『万葉集』巻の一三・三三三〇の歌に「八十一里喚鶏」という表記がある。前後の文意からみて「括《くく》りつつ」と読む。「八十一」は掛け算式の九九である。「喚鶏」は「鶏を呼ぶこと。今は鶏を呼ぶにはココというが、当時の呼び方はツツだった。

こういう言葉遊び的な表記の技法を、先に私は（戯法？）と書いてみたが、一般的には「戯訓」といって、古代中国で始まり、漢字と共に日本に渡来したものである。

『萬葉集』で有名な戯訓に「山上復有山」がある。漢文風の書き方で「山の上にまた山あり」と読む。その通りに書けば「出」の字になる事から、これは「出《いで》」と読ませているわけである。同じく同書の巻一一・二五四二の歌では、「二八十一」と書いて「憎く」（二・九九＝八十一）と読ませたり、巻一三・三三三〇二は「括り」を「八十一里」と表記した例もある。

巻三・二三九では、「十六」を〈四×四＝十六〉ということから、シシ（鹿・猪）と読ませている例があるが、埼玉県飯能市の高麗川沿いの山村の集落には、これを生かした「十六舞」という地名がある。隣接して「猪狩」という集落があり、昔、日本武尊が大猪を退治した事による地名と説明されている。十六舞の地名は、それを見た十六人の侍女たちが、喜びの舞を舞った事に由来するという。これも四×四＝十六で、獅子舞の事である。

三五月が十五夜などは分かりやすいが、〈二×二＝四〉の数式を使った〈万代《よろずよ》にかく二二《し》知ら三《さん》〉（万葉・巻六・九〇七）などは難解な部類に入るだろう。歌の意味は〈（大君は）いつの世までもこうしてお治めなさるだろう〉ということだが、ここで〈二二〉を〈し〉と読ませるのは〈二×二＝四《し》〉というわけである。ついでに文末も、数字の三で〈さむ《さん》〉と読ませている。同じ発想で、一三巻・三三一八の歌では〈二々〉と書いて〈し〉と読ませ、六巻・九四六では〈重二〉で〈し〉と読ませようとしている。二を重ねるから四《し》というシャレである。

九十九里と白里は同じ意味

千葉県の九十九里浜は、五市四町一村を擁しているが、その中心的な存在として、九十九里町がある。浜の南部に位置する漁業の町だが、他の五市を差し置いて九十九里を名乗ることができたのは、この浜をいち早く漁業の港町として開拓した実績があるからだという。

それは戦国時代とも江戸初期とも言われるが、紀州＝和歌山県の加太浦の漁民が、鰯や鯛の好漁場を求めて黒潮に乗ってこの地に至り、定着して漁場を開拓した。町の中心部の「片貝」という地名の意味は「加太開」で、加太浦の人々が開拓した土地を、後世に伝えるための命名だった。

新しく開拓した土地をシンカイとかシビラキといって、「新開」の字を当てることが多いが、「加太開」もその例である。それが「片貝」になったのは、深谷市の元「新開」が「新戒《しんがい》」になったのと同じである。

因みに、埼玉県ふじみ野市には「開発《かいほつ》」地名があり、狭山市や川越市には「武蔵野開《むさしのひらき》」と呼ぶ開拓地もあった。

九十九里町の隣には、大網白里市《おおあみしらさと》がある。市は大網・増穂・白里の三町が合併してできたもので、それ以前には、江戸時代からあった村で、それぞれ独立した村から町になっていた。白里町はさりげない町名だが、そこには隣の九十九里町に対する、並々ならぬ対抗意識が見て取れる。

「白寿の祝い」という言葉がある。人が九十九歳になった時の、長寿を祝う言葉である。百という漢字の一画目を取り去ると白になる。数字なら一〇〇から一引くと九九。つまり九十九＝白という理屈である。それを当てはめると、白里は九十九里と読めるというわけである。こっちだって九十九里浜の町なんだぞというプライドが込められた町名である。

九十九はツヅラとも読む

九十九はツヅラとも読む。主に道路関係で、九十九折と遣う。幾重にも折れ曲がった山道を表す言葉である。その点では七曲りと同じ意味だが、九十九折の方が、より重層的な山道の感じが出ているようである。

奈良県吉野郡には「九尾」と書いて、ツヅラオと読む地名がある。尾は「生う」と考えれば、ツヅラオは「葛生」となって、蔦かづらの類が生い茂ることから、険阻な山道が連想される。

ツヅラは野生の蔦植物の総称である。それが幾重にも曲がりくねって絡まり合っている形状を、細くてきりもなく折れ曲がっている山道に重ねて、ツヅラと呼んだもので、九十九の文字を当てたのは、限りもなくたくさんという意味を表現したものである。

三重県松阪市には「九十九曲」と書いてツヅラクマという地名がある。曲《くま》は文字通り曲がる事で「折」と同義語である。

険阻な峠で知られる石川県の倶利伽羅峠《くりからとうげ》の麓の津幡町《つばた》では、「九折」と略してツヅラオリと言っている。熊本県の甲佐町《こうさ》「九折」はツヅラである。「九」そのもので、十分に多いという意味を持っているということである。

石川県能登町《のと》の「九十九湾」は「ツヅラ湾」ではなくて、「ツクモ湾」である。日本百景の一つで、国定公園に指定されている。東西一キロ、南北一・五キロの小さな湾の中に、入り組んだ海岸線は一三キロにも及んでいる。

この場合の九十九は、入り江が無数にあることを示しているのである。

ついでの話だが、「九」は戯訓として、果実の生る植物の名前にもなっているのを、御存じだろうか。イチジクである。なぜなら、九は一字でクと読むから「一字九」なのだそうである。

九十九はなぜツクモと読むか

秩父市大滝の大血川に沿った小高い丘の上に、木立に囲まれた九十九神社の祠が立つ。新皇を名乗ったのもつかの間、藤原秀郷らの追討軍に追われて、上武国境の城峯山に籠った平将門は、ここも攻められて散り散りになる。妃を守ってここ大血川まで逃れてきた、侍女や武者たち九十九人の一行は、追い詰められて自刃する。その血が七日七夜も流れて大血川の名をなしたという伝説がある。その武将たちを祀ったのが、九十九神社と伝える。

この神社は文字通りクジュウク神社というが、パソコンでもツクモと入力すると九十九と出るように、九十九はツクモと読み習わされている。その理由は、『伊勢物語』（九六一頃）の主人公・在原業平《ありわらのなりひら》の次の歌が説明している。

「百年《ももとせ》に一年《ひととせ》足らぬ九十九《つくも》髪《がみ》我を恋ふ《う》らし面影に見ゆ＝百年に一年足りないだけに年取った、

ぼさぼさの白髪頭の老婆が、私を恋しく思っているらしく、幻となって目に浮かぶことよ」

それだけでは現代人には分かりにくいが、ツクモは「次百《つぐも》」だから九十九なのである。

百をモモ・モと読む訳は

そうはいっても、現代人には「百」をモと読むことができる人は少ないだろう。その解明の例としては、『万葉集』の巻一二・三〇五九の歌がある。

「百《もも》に千《ち》に人は言《い》ふとも鴨頭草《つきくさ》の移《うつ》ろふ情《こころ》わが思《おも》はなくに」＝「あれこれと人は噂を立てようとも、月草のような変わりやすい心など、私は決して持ってはいませんよ」

ここでは「あれこれと・様々に」という意味で、「百《もも》に千《ち》に」と歌っている。モモとは「色々・たくさん」という意味の古語である。百は数が多いことから、モモの同意語として、百の字を当てたということが分かる。

その発想が定着して、古代にはたくさんある官職を「百官《もものつかさ》」とか、たくさんの歌を「百首歌《もものうた》」と書いている。読むというよりも、文字を当てて読ませたものである。

古代、歌の枕詞に「百伝ふ《ももつたう》」というものがあった。謀反の罪で処刑されることになった大津《おおつの》皇子《みこ》が、刑場に引かれる途中で、磐余（いわれ）の池に鳴く鴨を見て詠んだ歌がそれを用いている。

「百《もも》づたふ磐余の池に鳴く鴨を今日のみ見てや雲隠《くもがく》りなむ＝（百伝《もも伝》う）磐余《いわれ》の池に鳴く鴨を見るのも、今日を限りとして、私は雲の彼方に去っていくのかなぁ」

「百伝う」は、五十や八十が数え伝えていくと百に達することから、八十《やそ》・五十《い》に続く枕詞である。この歌の場合は、五十のイ（五十鈴川《いすずがわ》のイ）と同音ではじまる「磐余《いわれ》」にかけている。（八十《やそ》の例は、万葉集巻一・一三九九の歌に「百伝《ももつた》ふ八十の島廻《しまま》をこぐ船に乗りにし心忘れかねつも」がある）

埼玉県宮代町には「百間」と書いてモンマと読む地名がある。モモがマに接続する際に、言いやすくモンに転じたものである。地元の寺に残る、応永二一年（一四一四）名の梵鐘に、「百間」の地名が刻まれているという。地名の意味は、アイヌ語で「モ」は静かな、「マ」は湖沼で、静かに水をたたえた沼と解して、それがほぼ定説になっているという。

東京都日野市や多摩市には「百草《もくさ》」という地名があり、稲城市には「百村《もむら》」がある。ただし、茨木県つくば市の「百家」はハッケと読む。

「百々」はドウドウと流れる水音

「次百」だから九十九というのは、白寿や白里と同じ発想だったのである。

なお、青森県階上町《はしかみ》と宮城県気仙沼市・栃木県塩谷町などには「百目木」地名があり、それぞれドメキ・ドウメキと読む。千葉県袖ケ浦市には市営の百目木《どうめき》公園がある。長野県駒ヶ根市の「百々目木」はドドメキである。廿六木と同じ由来で、滝や川がドッドと流れている土地の擬音名である。百は「十×十」だから、トトあるいはドドなのだという。そういえば、今でも水量の多い流れを「とうとうと流れる」という。

そういわれて調べてみると、土佐の高知の高知城を築いたのは、築城の名手と言われた百々《どど》筑前守安行《ちくぜんのかみやすゆき》だった。彼は近江国・現滋賀県犬上郡百々《どど》村の生まれだという。

山梨県の南アルプス市にも百々《どど》地名がある。江戸時代の『甲斐国志《かいこくし》』(一八一四)は「本村ノ北御勅使川《みだいがわ》ニ望ム百々《どど》ハ水ノ鳴ル音」と解説している。因みに、この川は名うての暴れ川で、何度も大きく流路を替えた痕跡があり、その折の水害によって水没した、平安時代の集落跡が発掘されているという。これは「百々は水ノ鳴ル音」という解説を証明しているようである。同県中央市にも小字の百々が、甲斐市には百々川が流れ、百々の小字がある

愛知県岡崎市の百々町はドウドチョウと読み、岡山・美咲町百々はドウドウと読む。ただ、この美咲町の百々は、地元では川の流れの音ではなく、地区の氏神・大宮神社の祭神に謂れがあると説いている。祭神は二百八万歳鎮座といい、それは猿田彦命の年齢を称したものだという。そこで百々と書いて二百を表したわけである。

また、高知県四万十市には中村百笑町《なかむらどうめき》という町名がある。ドウメキはドヨメクこと。よく響

動の字が当てられて、揺れ動く・動揺するなどの意味を表す言葉である。百笑は百人が笑いさざめくほどの、激しい水音を表現した戯訓である。

戯訓とまではいかないが、ドドに苦心した表記には、岩手県一関市の「動目記《どうめき》」・秋田県仙北市の「道目木《どうめき》」・福島県いわき市の「銅目木《どうめき》」・栃木県さくら市の「百目鬼《どうめき》」・富山県射水市の「百米木《どめき》」・石川県輪島市の「百成《どうめき》」・熊本県南小国町の「動馬喜《どうめき》」などが挙げられる。

滋賀県多賀町には「百々女鬼川《どどめきがわ》」が流れ、三重県鈴鹿市には「百々川橋《どどかわばし》」がある。これらが姓になると、ドドさんからはじまって、ドウドウ・ヒャクモ・モモ・モモドウ・モモモさんなど、多様な読み方になっている。

もうひとつの百の数え方

なお、百の数え方には、次のような例もある。『平家物語』巻八の「都遷《みやこうつり》」の段である。四〇〇年近く続いた平安京から、平清盛が福原へ都を移そうとした時に、平城京の内裏の柱に書かれた落首である。

「ももとせ《百年》を四かへり《返り》までに過ぎ来にし乙城《おたぎ》の里の荒れや果てなむ」＝「四百年の間、平安京として栄えてきた、愛宕《あたご》の里がまた荒れ果ててしまうことだろう」。「百年を四返り」とは、「百年の四回繰り返し＝四〇〇年」という言い回しである。

ついでながら、この落首は二首あった。もう一つの歌は「咲き出る《さきいづる》花の都を振り捨てて風吹く原の末ぞ危うき」＝「咲く花のように美しい平安京を振り捨てて、風ばかり吹く福原へ遷ったところで、行く末は危なっかしいものだ」。福原遷都を「花の都＝平安京」に「風吹く原＝福原」と対置してみせて、反対の意図を強調したものである。歌に熟練した平安貴族の戯作だろうが、「風吹く原＝福原」の掛詞が見事である。

「末ぞ危うき」と歌われた通り、やがて、平家は滅亡の道をたどることになる。

ユーモアに富んだ謎かけ地名・50選

このような知性に裏打ちされた機知に富んだ地名や、人の意表を衝くような独創的な地名が、各地にはたくさんある。中には、思わず笑っちゃうような直感的なものもあれば、漢字漢文についての深い学識を思わせる、難解なコジツケによるものもある。平たく言えば「謎かけ地名」とでも言うものだろうか。次に、いくつかその謎に当たってみよう。まずは（　　）の中に自分なりの読みを記入してみよう。正解は文末に。

山女（　　）

＝あけすけな象形語だが、実は野木瓜とともに暦とした漢名。『新撰字鏡』（九〇一頃）にも「蕳　山女也　阿介比」とある（富山県魚津

木葉下町（　　　　）＝崖の古語はアホ（阿保）と言い、アオ（青）に通じるために、木葉の字を当て、崖下の地域を指したもの（茨城県水戸市）〈あぼっけちょう〉

石動（　　　）＝石が動けば音がするから（佐賀県吉野ヶ里町）〈いしなり〉

神子塚（　　　）＝いたこは、東北地方で神下ろしや、口寄せを業とする巫女の事。巫女はすなわち神の子である（岩手県盛岡市）〈いたこづか〉

一雨（　　　）＝雨は降るもの（和歌山県古座川町）〈いちぶり〉

筒木（　　　）＝筒は中が空洞、つまり虚ろだから（大分県杵築市）〈うつろぎ〉

後郷（　　　）＝後ろは裏だから（栃木県茂木町）〈うらごう〉

小堀（　　　）＝小坂が大坂⇩大阪になったようなものか（茨城県取手市）〈おおほり〉

笑内（　　　）＝笑うのはおかしいから。アイヌ語地名「オ・カシ・ナイ」（川尻に仮小屋のある川）への当て字という（秋田県北秋田市）〈おかしない〉

大畑（　　　）＝畑《はた》は端《はた》の代用で、端はコバとも言って隅を指す。この場合は崖の端《こば》で崖《がけ》っ縁《ぷち》の事（熊本県人吉市）〈おこば〉

押平（　　　）＝均せば平になるから（鳥取県大山町）〈おしなら〉

百千家満（　　　）＝崩壊・落石が多く落山という地名だったが、護岸造成して、たくさんの家が建つようにと願いを込めて、表記を変更（兵庫県宍粟市）〈おちやま〉

神来（　　　）＝神が来臨する社殿を、昔は大殿《おとど》といった（熊本県菊池市）〈おとど〉

烟田（　　　）＝烟は煙。煙は竈《かま》から出るもの（茨城県鉾田市）〈かまた〉

上終町（　　　）＝終わる事は果てる事（京都府京都市）〈かみはてちょう〉

川額（　　　）＝額には毛がないからハゲ。ハケは方言で崖（群馬県みどり市）〈かわはけ〉

木葉島（　　　）＝葉っぱを「木の子」に見立てて（静岡県浜松市）〈きのこじま〉

双石（　　　）＝二つ並べると比べる事になる（福島県白河市）〈くらべいし〉

闇無（　　　）＝闇は暗いもの。「無」は「成し」か（大分県中津市）〈くらなし〉

小舟渡（　　　）＝小舟しか渡せない港は小港である（青森県階上町）〈こみなと〉

雀居（　　　）＝「ささ」は「小さい」の古語で、雀は小さいものの代表とされていたので、雀《ささ》と読ませたもの（福岡県福岡市）〈ささい〉

枝下町（　　　）＝枝垂れは枝が下向きになっているから（愛知県豊田町）〈しだれまち〉

冷水（　　　）＝清水は冷たいものだから（和歌山県海南市）〈しみず〉

曲路（　　　）＝筋交いは物の位置が斜め＝曲がっている事から（岐阜県北方町）〈すじかい〉

月出里（　　　）＝月出は纏めれば朏《みかづき》となる。朏は月初めに濁りなく素立ちするもの（素は素手・素裸のように何の要素も付け加わらない、ありのままの姿をいい、月の出を月立ちという。朔日《ついたち》は月立である）（茨城県稲

敷市）〈すだち〉

寄合水（　　）＝水が寄り合うと小さな音を立てる（福島県福島市）〈せせらぎ〉

雪車町（　　）＝橇を雪の上を走る車に見立てて（秋田県由利本荘市）〈そりまち〉

満水（　　）＝満水の場所は水溜まり（静岡県掛川市）〈たまり〉

水溜（　　）＝水を溜めると堤になる（佐賀県伊万里市）〈つづみ〉

光岡（　　）＝光は照るものだから（大分県日田市）〈てるおか〉

百目貫（　　）＝「十《とう》×十《とう》＝百《どど》」の百《どう》・目《め》・貫《（つらぬ）き》（栃木県小山市）〈どうめき〉

鉾（　　）＝鉾先《ほこさき》は尖っているから（熊本県天草市）〈とがり〉

動木（　　）＝木が動くと轟音がする（和歌山県紀美野町）〈とどろき〉

赤米田（　　）＝赤米は収穫が乏しいから（大分県日田市）〈とぼしだ〉

次木（　　）＝「次」は前を受けて続く事。木が次々と並ぶ（茨城県行方市）〈なみき〉

随分附（　　）＝「随分」は、程度が相当であるさまから転じて、非道とか非難すべきさまの意があり、そうした事態に遭遇すると、「南無三（宝）」と驚きの声を発するという事から（茨城県笠間市）〈なむさんづけ〉

上手町（　　）＝上は上る位置だから（大分県日田市）〈のぼてまち〉

山亥（　　）＝亥（猪）は十二支の第十二位で、陰暦十月・初冬に当たる。初冬の山は落ち葉してハゲ山になるゆえに（熊本県小国町）〈はげ〉

浜陽（　　）＝陽の射すところは日向である（大分県国東市）〈はまひなた〉

深溝（　　）＝溝は水路だから、深水《ふこうず》の水に溝を当てたもの（愛知県幸田町）〈ふこうず〉

未明（　　）＝夜明け前はホノカに明るい（島根県安木市）〈ほのか〉

初月（　　）＝三日月は陰暦の月初めに出る事から（高知県高知市）〈みかづき〉

冷畑（　　）＝水は冷たいから（宮城県名取市）〈みずはた〉

金峰（　　　）＝山岳信仰による普通名詞・御嶽に、最高の価値を示す「金の峰」を当てたもの（山口県周南市）〈みたけ〉

南頬町（　　　）＝頬は目と鼻の両側にあるから（岐阜県大垣市）〈みなみのかわまち〉

妻鳥（　　　）＝妻は女だから（愛媛県四国中央市）〈めんどり〉

崩土地（　　　）＝モエルは方言で、大根に洲が入るように、固体が劣化してスポンジ状になる事。土がモエルと崩れることから（宮城県気仙沼市）〈もえとぢ〉

四十八願（　　　）＝共同墓地の黄泉原《よみのはら》の転に、死者を弔う阿弥陀如来の四十八願の文字を当てたもの（栃木県佐野市）〈よいなら〉

楽平（　　　）＝楽しいことはよい事だから（愛知県弥富市）〈よしひら〉

無音（　　　）＝呼ばなければ音は無いというシャレ（山形県鶴岡市）〈よばらず〉

第一〇章　難解・難読地名に挑む

一　歴史的な文化を織り込んだ地名——桑折

「桑折」は宮城県伊達郡にある町の名である。文字通り読むとクワオリだが、町名はコオリ。語源は奈良時代に郡衙《ぐんが》があったことによるという。郡衙とは、郡司が政務をとる官庁のこと。当時、県はアガタで、郡はコオリと言った。それを桑折としたのは、古来養蚕が盛んな土地として、人々に馴染みのある字を当てたものだという。

因みに、ここは政宗の伊達家発祥の地である。頼朝の奥州攻めに従軍した、常陸国＝現茨城県の常陸入道念西《ひたちのにゅうどうねんさい》が、戦功により伊達郡を宛行《あてが》われ、伊達氏を名乗ったのが初めで、政宗は一七代目の当主である。

桑折が何故コオリと読めるのか。それは旧仮名遣いのクヮが、カに近い音である事から始まる。昔は菓子《かし》はクヮシと書き、喧嘩《けんか》はケンクヮと書いた。室町末期に、美濃の斎藤道三が主君の土《ど》岐《き》頼芸《よりのり》から奪った城の名は、大桑城《おおがじょう》だった。

山村では桑原はクヮバラでありカバラとも言う。桑の枝を切るために特化した小さな鎌を「カッキリ鎌」と言うのは「搔っ切り」ではなく、「桑切り」である。次いでクヮはオリに続くとコに近づくという音韻の法則がある。したがって、桑折《こおり》はごく自然な発音の流れによるものといえる。

桑の付く地名は全国どこにでもあって、実に多い。桑原から始まって、大桑・大桑原・小桑原・桑山・桑谷・桑野・桑村・桑田・桑畑・桑岡・桑崎・桑島、桑浜・桑木、さらに桑名・唐桑半島等々。

桑と蚕の歴史は紀元前六〇〇〇年から

桑と関わる養蚕の歴史は古く、紀元前六〇〇〇年頃に、中国の黄河・長江沿いの地域で、桑の木に巣くう野生種のクワコを、家畜化した事から始まるという。桑の葉を飽くことなく食い続けた蚕は、やがて途切れることなく千数百メートルの糸を吐いて繭を作る。これを取り出して絹を織ることに成功はしたが、初めは貴重品で、皇帝の衣服を作るだけで、一般人が着ることは許されなかった。

漢代になると絹織物が普及して、絹は税として納められ、国の役人は絹で給与が支払われたという。その頃から次第に西域との交易が始まり、唐代にはシルクロードと呼ばれる貿易路が出来る。

絹は金と同等の目方で交易されるほど珍重されたが、製品は輸出しても、製造法は絶対秘密で、これを漏らした者は死刑にされるほど厳格に守られた。

そのため、ローマでは、絹は木の葉で作られるとか、花が原料である、いや鳥の羽から、中国の特殊な土によるなど、様々な説が飛び交っていたが、ついに真相が明かされることはなかった。

古代中国の神仙思想は、貴重な蚕を育てる桑の木＝扶桑《ふそう》を神木と呼び、災厄を払う神聖な木として崇めた。重大な儀式は扶桑の林の中で行い、男子が生まれると、桑の枝の弓で蓬の矢を四方へ飛ばす「桑弧蓬矢《くわこほうし》」という儀式を行った。これは子どもが将来、四方へ雄飛するようにと、神木に祈る行事である。

扶桑への崇敬の念は、太陽の昇る東の海の中に、扶桑の巨木の生い立つ不老長寿の国があるという伝説を生み、やがて日本の存在を知ると、これを扶桑の国と呼ぶようになった。

この話は日本でも歓迎され、日本は自称・扶桑国とも言った。今、扶桑を名乗る市町は、ざっと見ても次のものが挙げられる。栃木県小山市扶桑・愛知県豊田市扶桑町・同丹羽郡扶桑町・兵庫県尼ヶ崎市扶桑町など。三重県桑名市の桑栄《そうえい》町なども、これに類する町名である。

卑弥呼《ひみこ》も蚕を飼っていた

桑の種類は世界には一〇〇〇種もあるという。日本にもツミと呼ばれたヤマグワなど、古来からの野生種もあり、『魏志倭人伝』に養蚕の記述があり、弥生遺跡からも絹が出土しているというから、独自に養蚕技術も発生していたらしいが、高度の技術はやはり中国から伝えられたものという。

『日本書紀』巻一一の仁徳《にんとく》天皇の条の天皇の妃の歌に「夏蚕《なつむし》の蚕《ひむし》の衣《ころも》二重《ふたえ》着て」という一節がある。これには色々な解釈があるが、私は二匹の蚕が一緒に繭を作った、玉繭《たままゆ》と考えている。秩父ではこれをタマンメーと言って、出荷用の繭から外し、専ら自家用の真綿にしていた。普通、繭は一匹の蚕が作り、真ん中が少しくびれているのだが、玉繭は文字通りまん丸で、中に二匹の蛹《さなぎ》が入っている。

歌の解釈はともかく、その後、夫婦《ふうふ》喧嘩《けんか》をして家出した妃を追って山背国《やましろのくに》に至った天皇は、桑の枝が川のあちこちの岩や淵に塞かれて、躊躇《ためら》うように流れていく様子を見て、自分の鬱屈《うっくつ》した心情を託した歌を詠んでいる。

このように仁徳天皇の条には、何度も養蚕が行われていたことを示唆する話が出てくるのだが、同書巻一四の雄略《ゆうりやく》天皇の条・三月一日には、有名な少子部《ちいさこべの》スガルの逸話がある。天皇は后に養蚕を勧めるために、国中のお蚕《こ》を集めよと、スガルに命じる。スガルはオコをお子と勘違いして、たくさんの嬰児《こ》を集めて来る。それを見て天皇は大笑いして、その子らは汝《おまえ》が自分で養えと言って、スガルに少子部の姓を賜った。

これは古代中国の『礼記《らいき》』が記すところの、皇后が三月一日に身を清めて、東の桑園に向かって拝礼し、養蚕行事を行うという習わしに倣ったものと解ける。

『萬葉集』巻二〇・四四九三の歌は、編者・大伴家持《おおとものやかもち》の作だが、その詞書《ことばがき》と併せて、正月三日に内裏《だいり》に重臣たちを集めて、皇后が蚕の床を掃く玉箒《たまほうき》を与えて、祝宴を開く行事を詠っているものと分かる。玉箒の現物は、正倉院の御物の一つとして保存されている。皇后の皇居における養蚕行事は、今でも皇室の伝統行事として受け継がれている。

一方、同書巻一四の「東歌《あづまうた》」の「筑波嶺《つくばね》の新桑繭《にいくわまゆ》の衣《きぬ》はあれど」の一節を見れば、東国の農民の間でも、万葉の頃には養蚕が行われていたことが分かる。「筑波嶺」は茨城県の筑波山。「新桑繭」とは、春の新しく芽生えたばかりの桑の葉で、育てた繭のことである。

古代から知られていた桑の薬効

古代中国では桑の葉を乾燥させて、お茶として飲用したり、漢方薬として利用していた。後漢時代に書かれた中国最古の医学書、『神農本草経《しんのうほんぞうきょう》』では桑の葉の茶を神仙茶といって、糖尿病その他諸病の予防や治療に効能があると述べているという。中国の茶の種類も多様だが、これも絹と共にシルクロードで広まって、チャー・チイなどの名が、英語のティーに繋がっている。

日本のお茶を飲む習慣は、鎌倉時代に臨済宗の僧・栄西が中国から桑の効用を学んできて、『喫茶養生記《きっさようじょうき》』（一二一一）を書いて広めたのが始まりとされている。

桑は葉ばかりでなく、根の皮は日本薬局方で桑白皮《そうはくひ》という生薬になり、利尿作用・血圧降下作用・解熱などの作用があるとされ、他と配合されて漢方薬になっている。因みに、桑白皮は、前述の『神農本草経』で、解熱の他咳《せき》を鎮め、痰《たん》を切る効果があるとして使われていた用語である。

五月〜六月頃に実る桑の実は、桑苺《くわいちご》とも言うように、木苺の実をちょっと細長くしたような形をしていて、赤紫色。その独特な色は、群馬・埼玉・東京などでは、その実を言う方言で、ドドメ色という言葉を生み出した。果実酒になるが、アントシアニンやポリフェノールを含んでいて、甘酸っぱい味なので、子どもは口のめぐりをドドメ色に染めながら好んで食べた。

この桑の実に桑の樹皮や根を加えて作った桑酒は、中風に効くと言われていた。古い記録では、東大寺に残る延喜一八年（九一八）頃の文書に、「桑の実を採りて母に備えたり」という一節があるという。

『言継卿記《ことつぐきょうき》』の天文三年（一五三四）四月の条には、鯉《こい》の膾《なます》を肴《さかな》に桑酒を飲んだことが記され、『本朝食鑑《ほんちょうしょくかん》』（一六九七）には桑酒は中風や脚気の疾患を治すとある。

約五〇〇年ほど前のこと、京都では桑の葉を入れて沸かした桑風呂が流行り、連歌師の宗長の日記には桑風呂で湯治した事が記されている。また、『慶長見聞録《けいちょうけんぶんろく》』（一六一四）には、江戸で桑の木の杖が「中風を治す効果ありとて、老人用い、不老長寿を期す」とある。明治生まれの私の祖母は、やはりそう言って、桑の木で作った湯呑み茶椀を愛用していた。

雷は桑原を避ける

このように桑は日本でも神聖視されていたが、農村では雷避けの効能もあると信じられていた。私など、幼い頃の夏の日に雷が鳴ると、祖母から麻の蚊帳に入って、「カバラ・カバラ」と唱えれば、雷様にヘソを盗られないと言われたものである。その頃、秩父では養蚕が盛んで、いたるところが桑畑だった。これを桑原《かばら》と呼んでいた。

室町時代の狂言『靭猿《うつぼざる》』には、「とどろ　とどろと鳴る神も、ここは桑原よも落ちじ」と猿引きが歌う場面がある。「よも落ちじ」＝「まさか落ちないだろう」。また、狂言『鳴神』では、地上に落ちて腰を打ち、動けなくなった雷が、医者に助けられて天に昇るとき、「ピッカリピッカリ グヮラリ グヮラリ」と言いながら舞台を回ると、医者は「ア、、クヮバラ クヮバラ」と逃げるように退場する。

桑原を雷が避ける理由には二つの説がある。右に見るように、中世には雷を「鳴る神」とよんだ。「鳴る神」は「神鳴り」＝「雷」である。菅原道真が無実の罪を着せられ、流された九州太宰府で非業の死を遂げると、間もなく宮廷の清涼殿に落雷があり、多くの人が死んだ。これを道真の怨霊の仕業と信じた天皇は、道真に正一位太政大臣という最高位の称号を贈り、北野天満宮を建てて天神様として祀り込む。

天神とは天の鳴る神である。天神となった道真の領地に桑原郷があった。そこで人々は、天神も自分の領地には落ちないだろうと考えて、ここは桑原郷だよと唱えたものである。

もう一つは、和泉国・いまの大阪府にある桑原井の伝説である。ある日この井戸に雷が落ちた。這い上がろうとしたところを、村人たちが、井戸にフタをしてしまう。井戸に閉じ込められて、困ってしまった雷は、今後この村には落ちませんと約束して、許してもらいほうほうの態で天に帰る。以来、雷は約束を守って、「ここは桑原だ」と言うと、避けて通るようになったという。

だが、この二つの話はともに、養蚕技術にまつわって渡来した、中国の雷信仰に因るものである。中国では雷に敬称の「公」の字を付けて、雷公と呼ぶ通り、やはり天の神と考えていた。ただ、この神も、地上で災厄を払う扶桑の木にだけは、相互に崇め合っていて、落ちないと考えられていた。東晋の干宝（?〜三三六）が書いた『捜神記《そうじんき》』には、雷が誤って、落ちてはならないはずの桑畑に落ちたために、人に捕らえられた話が載っている。和泉国の桑原井の落雷伝説は、この話の翻訳だったのである。

桑苺をなぜドドメと呼ぶのか

江戸中期頃から絹は町人にまで愛用されて、農村の養蚕地帯は大変な活況に恵まれ、明治になると、殖産興業の振興政策の中で、官営富岡製糸場が造られ、日本の絹は世界一の生産量を誇り、輸出の花形になった。ところが、現在では中国などからの安い輸入品に押されて、日本の生糸の生産量は激減し、養蚕農家は珍しいほどの存在になってしまった。

農山村にも桑畑はほとんどなくなり、わずかに特産品的に作られる、桑苺のジャムなどは、希少なものとして珍重されている。

ところで、この桑苺がなぜドドメと呼ばれるのだろうか。梅の実が実る頃なので、これに合わせてドド梅かなとも思ってみたが、そうなるとドドの意味が分からない。

養蚕が盛んだった頃には畑はもちろんのこと、ちょっとした空き地なら、どこにでも桑を植えて蚕の増産を図った。そこで、崩れやすい土手などでは、桑の木を植えると土留めになることから、ドドメと呼ぶようになったとする説もあるとのこと。

一見、もっともそうな話だが、それならば桑の木はドドメの木と呼ばれるはずである。だが、その呼び方は聞いた事がない。もし、「土留めの木」という呼び方があって、「土留めの実＝どど実⇩ドドメ」となったというなら、なるほどと思うところだが、木の呼び方がなくて、実だけをそう呼ぶとなると、首をかしげざるを得ない。

そこで、各地の桑苺の呼び方を探ってみると、新潟・福島・岩手という土地の繋がりでは、クワゴと呼んでいた。桑子は蚕の古い呼び名だったが、この地方では桑の実を桑の子ととらえていたことが分かる。秋田・岩手の一部ではカゴ。これはクワゴを約めたものである。山梨県のカヅミは「桑ツ実」である。このツは、古語の所有の助詞で、「天ツ風・沖ツ白波」のツ、現代風にいえば「天ノ風・沖ノ白波」のノに当たる。

長野県飯田市辺りではツナミ。石川・福井・滋賀の各県ではツバミ・ツバメで、飯田市のツナミとの関連を思わせる。京都府のフナメもツバメの転化したものと考えられる。

鳥取県辺りのタゴノミはタゴという桑の種類の木の実と思われる。富山県辺りのカンツバは、ちょっと見には分からないが、よくよく見るとこれは桑の葉と読める。カンはクワノを約めた言い方で、ツは先の「桑ツ実《かつみ》」のツと同じ古語の助詞である。

私が注目したのは、愛媛方言のドンドロである。この辺りでは、桑の木はドンドロ木で、その実がドンドロだという。これは明らかに、中国の神仙思想の雷と桑原の関係が反映した呼び方である。

愛媛方言「ドンドロ木」がヒントに

「雷をまねて腹掛けやっとさせ」という江戸の古川柳がある。行水の後でもあろうか、雷の鳴る暑い季節に、腹を丸出しにして昼寝して、寝冷えをしないようにと、嫌がる子どもを追い駆けている、親の姿が目に見えるようである。江戸市中でも、雷とヘソの俗信は、広く知られていたものと見える。

雷のマネとすれば、狂言『靭猿』のように、ガラリ　ガラリなどと擬音を発していたのではないか。雷の呼び名は秩父では、カミナリさま・ライさま、あるいはゴロゴロさまだから、この辺りの親なら「ゴロゴロさまだぞ。ヘソを盗っちゃうぞ……」などと言うはずである。

そこで今度は雷の呼び方を尋ねると、愛媛・香川と広島辺りでは、ドンドロさま、石川県辺でドンドロ神、島根ではドンドロケと言っていたことが分かった。これらはみな、狂言のトドロ　トドロや、グヮラリ　グヮラリに通じるものである。

因みに、この擬音「グヮラリ」や、狂言の医者が言う「クヮバラ」は、旧仮名遣いの表記で、現代では「ガラリ・カバラ」と発音する。狂言を見ると、当時も話し言葉では、桑原はカバラと言っていたことが分かる。

次に、桑の実を古典に求めると、『俳諧初学抄《はいかいしょがくしょう》』（一六四一）に、「桑の実をツナコという」とあり、『重訂本草綱目啓蒙《じゅうていほんぞうこうもくけいもう》』（一八四七）には、「濃州《のうしゅう》＝岐阜県辺りでは、ツマメとよぶ」とあった。

『俳諧初学抄』のツナコは飯田市のツナミに相当する。岐阜のツマメは、先のツバミ・ツバメ圏の、石川・福井・滋賀県に囲まれるように隣接している地域である。ツマメ・ツバミ・ツバメの微妙な違いは、地方による変化であって、元は同じ言葉と見ていいだろう。

ここで思い当たるのは、日本の桑の自生種、「ツミ」である。そうなると「ツナコ＝ツミの子⇩ツミコ⇩ツナコ」という方程式が考えられる。また、「ツマメ＝ツミの実⇩ツミミ⇩ツマミ⇩ツマメ」という変化が当てはまる。

しかし、これだけではドドメに繋がりそうもないが、思い当たるのは、先の愛媛県辺りのドンドロさま・ドンドロ木である。ドンドロ木は、訳せば「雷の木」ということになる。それならば、桑の実は「ドンドロ木の実」である。これを先の方程式に当てはめれば、「ドンドロ木の実⇩ドンドロミ⇩ドドミ⇩ドドメ」となるではないか。

ミ音とメ音は同じマ行にあって、互いに音が通じて、交換しやすい。秩父では、山に自生して、小さな実を付ける柿を、アマメといったり、アマミと呼んだりする。今で言うクシャミは、昔はクサメ・クサミと言ったし、埋《うず》み金《がね》とも埋《うず》め金《がね》と言ったりする例もある。

どうやら、ドドメは中国の四〇〇〇〜五〇〇〇年も前の雷公と桑の木信仰と深く結びついて、地方ごとに派生しながら、長い年月をかけて変化した呼び名であると、結論付けることができるようである。

桑の地名に桑の木はない

さて、古代から人の生活を潤し、話題性を持った桑の字の付く地名は、当然とは思うものの、各地にたくさんある。これを、桑原は桑の植えられた原のこと、桑山は桑林のある山、桑島は桑の生えている島などと、そのまま素直に解釈していいものだろうか。

そうなると、桑田はどうなるのか。桑の生えている田んぼは見たことがない。田は田畑と言って、広い意味では耕作地を指すのだから、と言われれば、なるほどと引っ込むほかはあるまい。

では、桑浜は、桑川はどうか。唐桑半島などは、どう解釈したらいいのだろうか。まさか川の中には桑は植えられまい。

そうなると桑川は球磨川などと同様に、隈のある川＝曲がりくねった川という意味かもしれない。鍬の付く地名と同じ意味を持つものもあるかもしれない、と思えてくる。

三重県桑名市の名の由来は、桑野の変化したものという説があった。だが、貝塚の多いこの土地に、地名になるほどたくさんの桑が生えていたとは考えにくいとして、今では崩穴説《くえあなせつ》が優勢である。ここは木曽川・長良川・揖斐川《いびがわ》の集中する河口にあり、洪水時には河床・河岸の砂《さ》礫層《れきそう》がえぐられ、穴状の窪地《くぼち》を形成することから、崩穴と呼ばれたものが変化したとする説である。

桑・鍬の付く地名は、実際にその地を見ると、桑などはとても植えられない、崩れた土地や崖を表していることが多いとして、地名研究者の間では、クワ地名は、まず崩壊地と疑ってみるというのが常識になっている。

『民俗地名語彙辞典』(松永美吉)では、静岡県富士市の桑崎の例を挙げて、村落の南縁は、空堀状の浸食谷が包むようにして、限られていると述べている。続けて、新潟北部海岸にある桑川を挙げ、その両岸はずっと崖が連なり、その先の海岸に桑川の漁村があると説明している。

また、同書(二三〇頁)は、唐桑半島について、「宮城県女川湾の北に深く入り込んだ雄勝湾があり、湾岸の唐桑にはすぐ後ろに、釜状の大断崖がある。唐は、空洞の意と見るべく、海食洞のある島や、海岸に、釜などと同じくよくつく名である」と述べている。唐《から》は空《から》に通じて、浸食された岩の空洞によく付く名だということである。

埼玉県本庄市の利根川縁に位置する「久々宇」地区は、地元を流れる烏川が利根川に合流する地点なので、常に氾濫に悩まされてきた。地内には上手から砂畑〜河原畑〜桑畑という小字が並んでいる。従来、これらの地名は文字通りに解釈され、桑畑は砂礫が多く畑作には適さないため、養蚕地帯だけに、桑を植えて養蚕に励んできた事を表すと言われてきた。

しかし、この三つの地名を纏めたものが久々宇とあれば、そんなに素直に地名の示す表記に従っていいものだろうか。詳しくは拙著『明解　埼玉の地名』（埼玉新聞社）で述べているので繰り返さないが、この場合の畑は「端」であって、川沿いを表し、桑は崩え地を示しているものである。そしてこの三地区を包含した名称の「久々宇」は、川波を被る土地を言う「潜生」である、というのが私の解釈である。

そう考えると、クワ地名はその地を実際に見て、桑の名所的な命名なのか、桑は崩《くえ》に代わる字なのかを、見極める必要があると分かる。そうすると、大桑地名などは、桑の植えてある広い桑野かと思っていた所が、意外にも大きな崩壊地だったり、険しい崖地だったりということになるかもしれない。

この事実は、地名を解釈するときに、表記した字面に惑わされてはならないという事を教えている。地名は人名と同じように、なるべく見栄えの良い字を当てようとするものだからである。「名は体を表す」と言うが、時にそれを裏切る事もあるように、地名もあらゆる角度から見て、見極めなければならないということである。

因みに桑の日は九月八日である。これは一般社団法人・日本記念日協会が設定・登録したものである。

二 「猫」がなぜ地名になったのか

ペットブームと猫の日

人間の孤立化が進む中、ペットブームはますます盛んで、特に猫が人気だという。ネコのいるカフェ、猫のいる旅館、猫のいる寺社等、テレビなどでも時々見かける風景である。なぜそんなに人気が高いのかというと、千差万別の毛並みと、かわいらしい表情。適当に人間と距離を置くかと思うと、突然甘えてみせたりする、測り切れない動作も魅力なのだという。さらには、あの軟らかくて暖かい、全身を包んでいる毛の感触には、なんとも癒されるのだという。

それだけに、捨て猫や野良猫も多い。それを無くすために、一九八七年、猫の日実行委員会と、社団法人ペットフード協会で、二月二二日を猫の日と定めて、啓発運動を続けている。言うまでもなく、二月二二日はニャンニャンの日と読める。

これを受けて、東京都千代田区では、二〇一一年より猫の殺処分ゼロを目指して、猫の日に近い週末にチャリティ・イベントを主催し、その収益を飼い主のない猫の治療費などに充てている。

世界猫の日は八月八日である。二〇〇二年に、国際動物福祉基金と動物愛護団体とで、この日と決めた。アメリカは一〇月二九日。イタリアやヨーロッパ諸国では二月一七日が多い。

ヨーロッパでは中世まで猫は悪魔の化身と見なされていたが、その後、穀物などを荒らす鼠を捕る役が認められて、積極的に飼われるようになったのだという。

奈良時代に唐から渡って来たネコ

日本には奈良時代に、唐から来る船の食糧や書籍のネズミの害を防ぐために、乗せられてきたのが初めという。当時は唐猫《からねこ》と呼ばれ、皇族や高級貴族のペットとして珍重された。

日本の記録の初出は、本邦最古の仏教説話集、『日本霊異記《にほんりょういき》』(八一〇頃)の第三〇話に出て来る、唐猫の話である。当時は狸《たぬき》と同類と考えていたらしく、表記は狸である。

豊前国宮子郡《ぶぜんのくにみやこぐん》=現福岡県京都市の次官・膳臣広国《かしわでのおみひろくに》は、ある日急死したものの、三日後には生き返り、地獄で見聞きした事を語る。

早くに死亡した父親に会うと、父親は生前の罪によって責め苦を受け、空腹に耐えきれず、三回、息子・広国の家を訪れたという。一回目は三年前のこと、大蛇に化身して訪れ、二年前には子犬の姿になって行ったが、いずれも家に入れてもらえなかった。今年の一月一日に猫になって行ったところ、ようやく家に入れてもらうことができ、正月のお供え物などをたらふく頂いて空腹を満たしたと。

広国はその後、幼時に観音経を写経した功徳《くどく》によって、地獄から生還できた事を知り、仏像を作って父親の追善供養を尽くしたので、やがて父親も救済されたという、因果応報物語である。

蛇や子犬では家に入れてもらえなかったのに、何故、猫は歓待されたのか。それは当時いかに珍重されていたかを示すと共に、足音を立てずに歩き、夜でも目が見えて、物音に敏感であり、木にも登れば、ジャンプ力も高いという特徴から、魔物から守る力があると考えられていたのだという。

その特徴を、ヨーロッパでは逆に、悪魔の化身と見られたわけだが、後に見直されたように、人の生活を脅かすネズミの天敵であるという事も、日本人に容易に受け入れられた要素だろう。

光源氏の運命を変えたネコ

古典の中では、『源氏物語』第三四帖「若菜・上」で、二匹の唐猫が、物語の主人公・光源氏の運命を変えるような、大騒動を引き起こす。

四〇歳を越えた初老の光源氏は、朱雀院《すざくいん》の娘・女三宮《おんなさんのみや》が、まだ一五歳前後なのに、六条院の邸宅に正妻として迎え入れる。女三宮には、光源氏の子・夕霧と親友の、太政大臣の息子・柏木も思いを寄せていた。

ある日、六条院の庭で、夕霧と柏木たちは蹴鞠《けまり》に興じていた。柏木は蹴鞠の名手だった。院の中では、女三宮と取り巻きの女官たちが、仕切りの御簾《みす》の僅かな隙間から、興味深く蹴鞠の様子をうかがっていた。

当時、高貴な女性は、家族や親戚のもの以外の男には、決して顔を見せなかった。外出する時には、絹の布を被って顔を隠し、さらに深い網笠を被っていた。室内で対話する時には、御簾を隔てたままで行い、御簾の中に男を入れるのは、結婚を承諾する意味を持っていた。

その時、御簾の中で、宮が飼っていた二匹の唐猫が戯れ合っていたが、そのうちに興奮して、追い駆け合いが始まる。ネコの首には長い紐が付けられていたが、子猫を御簾の外まで追い駆けた、大きい方の猫の紐が、御簾の裾に絡まった。そんなことは構わず駆けまわる猫によって、御簾はいきなり引き上げられ、室内は外から丸見えになる。女官たちはあり得ぬ出来事にパニックになり、猫の騒ぎに怯えて、御簾を下ろすものもいなかった。

柏木は女三宮の姿を目の当たりにして、ますます思いを募らせ、あれこれと手段を講じた末に、二人は秘かに通じ合う仲になる。

絶世の美男子として、幾多の女遍歴を繰り返しながら、天皇に次ぐ地位まで上り詰めた光源氏は、女三宮が産んだ、血の繋がらない子を、我が子として抱くはめになるのだった。

ネコをバカにした木曽義仲

このように珍重された猫だったが、鎌倉時代になると、猫の妖怪談まで現れるようになる。『徒然草』(一三三七頃)の第八九段、「奥山に猫またといふ《いう》ものありて、人を食ふ《くらう》なる」で始まる話である。

「いやいや、山でなくて、この辺りでも、猫が年取ると猫またになって、人を食い殺す事もあるそうだ」という話を聞いたある僧が、気を付けねばと思っていたところ、夜更けまで賭け連歌をして帰る時に、音に聞いていた猫またに飛びつかれ、川の中に転がり込む。

「助けてくれ。猫まただ、猫まただぁ」と叫ぶ声に、近所の人たちが松明を持って駆けつけて見ると、そこにはずぶ濡れになった僧と、僧が飼っていた犬が尻尾を振っていたという話である。

『平家物語』巻八「猫間」の段では、猫間中納言光高《ねこまちゅうなごんみつたか》という公卿《くぎょう》が、その名の故に、木曽義仲からバカにされる話がある。

猫間中納言が、都に上った木曽義仲に相談することがあって、館を訪ねる。取り次がれた義仲は、「猫が人に会いたいとか」と笑うが、取り次いだ郎等《ろうどう》に、「猫間中納言というお公家さんで、猫間はお館のある地名でしょう」と言われて、ならばと対面する。

しかし、義仲は対面するなり、猫間殿とは言わずに、「猫殿が昼飯時においでだから、飯を差し上げろ」と言って、遠慮する中納言に、いかにも田舎っぽい作りのでっかい椀に、飯を山盛りよそって、猫は塩気のないものがいいだろうと、平茸などの添え物をして出す。

中納言は、椀のあまりの汚さに、箸を付けないでいると、義仲は並んで食って見せて、「その椀は、私が仏事に使う椀ですよ」と言う。中納言はますます嫌気がさして、食べた真似をして箸をおくと、義仲は「猫殿は小食なのかね。猫のおこぼれを下さる気か。さあさあ、もっとお上がりなさい」と責め立てる。

中納言はすっかり興ざめして、相談事も言い出さずに帰ってしまった――と、これは義仲の粗野な田舎者ぶりを、強調するための逸話である。しかし、ここからは、すでにこの頃は、猫は珍重される存在ではなく、時に軽くあしらわれるようになっていたことが伺える。

猫の付く地名の意味

ところで、義仲に猫間中納言を取り次いだ郎等は、「猫間はその方のお館のある土地の名でしょう」と答えたが、これは藤原光降という、実在した公卿で、その屋敷は、後に新選組の屯所が置かれた、壬生《みぶ》＝現京都府下京区七条壬生にあり、猫間はその古名だという。

大阪市生野区には今、猫間川公園がある。この辺りにはかつて猫間川が流れていたが、今は埋め立てられて、公園にその名を残すだけになった。東京都文京区千石には、『徒然草』の「猫また」と同じ名の「猫股坂」がある。ここにはかつて化け猫が出没したために、この名が付いたという話もある。

パソコンでもネコマと入力すると、猫魔と変換するように、猫間地名は、猫の不思議な能力の故もあって、往々にして猫魔と勘違いされて、妖怪伝説が生みだされたのではないか。

大手の地図会社・ゼンリンの調査によると、全国で猫のつく地名がいちばん多いのは、福島県だという。全部で三四カ所あるというが、その中に耶麻《やま》郡の磐梯《ばんだい》町と北塩原《きたしおばら》村にまたがる猫魔ヶ岳がある。標高一四〇三メートルの山の頂き付近には、猫が大岩に圧し潰されているように見える、猫石という岩がある。

当然、地名の由来を語る化け猫伝説もある。山の主の猫王が化けて出て、ある武将が釣った山女魚を食べてしまい、色々と悪さをするが、しまいには、その武将に退治されたという話である。

猫間・猫またの意味を考えるヒントになるのが、宮城県登米市の猫迫《ねこはざま》・愛知県東海市の北猫《きたねこ》狭間《はざま》・名古屋市の金子《かねこ》硲《はざま》などである。併せて猫田・猫穴などもヒントになる。

ネコは根古・根子とも書くように、一つは山や丘陵の裾を言う言葉である。中世に各地に築かれた山城の麓には、兵士らが屯《たむろ》する場所があって、そこは根小屋・根古屋と呼ばれていた。

勘違いして、寝小屋と思っている人もいるようである。千葉県八日市場市の「城下」と書いてネゴヤと読む地名は、その事を証明するものである。猫屋も寝小屋と同様に、その音に当てた文字で、意味は根小屋だろう。あちこちにある猫谷も山裾の谷のことかも。

ハザマは・狭間・挟間・迫・迫間・硲等と書いて、山と山との間の狭く低い所をいう。つまり、先の三つのハザマ地名は、そういう所を指している。

また、「猫の額のよう」とは、極めて狭い所の形容である。秩父では狭く小さいことを「猫の寝処《ねど》」に例えた。岩手県の猫穴・愛媛県の猫洞《ねこぼら》・宮城県や福島県にある猫田・猫ノ田などがその類で、各地の猫谷のなかには、山麓の谷の他に、狭い谷という場合もあるだろう。

さらに猫は頭さえ入れれば、狭い所をも通り抜ける事ができることから、狭い道は猫道・猫通りといった。富山県にある猫坂峠は、猫が両方の麓から登って来て逢引きをする峠、などとする説があるようだが、これは猫道の別称ではないか。名古屋市の猫ヶ洞通りも、隧道風《ずいどうふう》に岩が覆いかぶさっている、狭い通りと考えられる。

このように並べてみると、「猫間」は猫の額くらいな狭い所と解される。「間」は「居間・床の間」のマで、地名にも「笠間・石間・入間」のように付けて、一定の空間を表す語素である。となると、「猫また」は、東京の文京区などでは「猫股」の字を当てているが、意味に合わせて書けば「猫間田」となるだろう。「猫間＋田」である。この場合は慣例として「田」の字を当てるが、本来は場所を表す「あなた・こなた」の夕で「処《と》」の転である。

ということで、「猫間」と「猫股」は、同じような地形を指す同義語なのである。愛知県にある「猫門戸《ねこもんど》」も、「猫間処」の転と考えれば、「猫間田」と同じになる。しかし、この場合「門戸」に重きを置いてみれば、出入り口の事だから、狭い海峡とか、瓢箪《ひょうたん》の口や胴のように、通路の一部が狭まっている所という意味になる。これは現地を見なければ、どちらとも言えない事である。

滋賀県には猫岩・猫ヶ山・猫島などがあるが、これは形が猫に似ているための命名である。鳥取県の湖山池の中の猫島も同じである。京都市の猫塚町も、猫が丸くなって寝ている姿に似ている、塚に由来するものと思われる。

香川県直島町《なおしま》には「猫ヶ鼻」地名がある。保元の乱の後、隠岐へ流されることになった崇徳《すとく》上皇は、途中、瀬戸内海の直島の泊ケ浦でしばらく過ごした。その時、孤独の思いを癒してくれていた愛猫が死ぬと、上皇は住まいから見える所に猫を葬った。そこを猫ヶ鼻と言うとのことだが、実際は、山が海に突き出している岬の、根元の先端という意味である。

京都府南丹市の「胡麻猫鼻」も同じく、付け根の先端部を表しているものである。

鼻は顔の先端部に位置することから、岬のような地形の、端《はし》を表すのによく遣われる文字である。兵庫県岡崎市には、「猫崎半島」がある。ここには砂州によってできた、猫に似ている島があるために、こう呼ばれているかと説明されているが、それは偶然の事であって、その島がなくとも、猫鼻と書いてもおかしくない地形である。

因みに、その島は、現代、若者たちの間では「お昼寝キューピー」と呼ばれて、「カワイー」と言って、人気になっているそうである。今、私たちは猫の鳴き声を「ニャンニャン」と聞きなして、子猫を「ニャンコチャン」などと言っているが、『源氏物語』に出て来る擬音は「ネウネウ」である。猫の形で通っている島が、キューピーと見えるのは、世代による感覚の違いを示していて示唆的である。

猫地名が全国一という福島県には、猫啼温泉がある。平安朝の歌人・和泉式部の生誕の地と言われていて、猫に因む地名伝説がある。曰く、「和泉式部は上京に際して、可愛がっていた飼い猫に心惹かれながらも、連れて行くこともならず、一人旅立っていった。残された猫は、式部を求めて餌も食わずに啼き続けて、日に日に痩せ衰えていった。

見かねた里人が猫を温泉に入れると、猫はみるみる元気を取り戻して、もとの快活な猫になった。この話が知れ渡り、温泉は猫啼温泉と呼ばれて、湯治客で賑わうようになった」と。

私は猫啼の本来の意味は「ネコ薙ギ」ではないかと思っている。ネコは先に述べた「狭い」という意味。ナギは薙ぐの連用形名詞で、地形としては、草木が薙ぎ倒されたように、平面になっている所。多少、傾斜をもっている所を言うことが多い。猫啼温泉は、狭い平地に湧く温泉と解することができる。

「猫実」は「細砂曽根《にこそね》」の転訛

猫地名の最後に、難読・難解な「猫実」を考えてみよう。興味深い地名だけに話題性があり、過去にも幾多の解読が試みられている。呼び方はネコザネ。千葉県浦安市と茨城県坂東市にある地名で、坂東市には猫実新田もある。新田の方は猫実村が開拓した新田だろうから別として、猫実とは一体、何を表しているのだろうか。

浦安市の猫実は、もと猫実村。明治二二年（一八八九）の町村制施行時に、堀江村・当代島村と合併して、浦安市猫実になった。室町時代には「猫真」と書かれ、江戸時代、歌川広重の『名所江戸百景』には、「根古ざね」と記されているという。

浦安市のホームページは、猫実地名の謂れを、概略、次のように説明している。「水害に遭う事の多かったこの地は、特に鎌倉時代の永仁《えいにん》の大地震で甚大な被害を被った。そこで村人は豊受神社付近に、強固な堤防を築き、その根張りで堤防をさらに固めるために、松の木を植えた。村人たちは、今後、たとえ津波が来ても、この根を越さないようにと〈根越さね〉と言った。その故に、この地はネコサネと呼ばれ、猫実の字で表されるようになった」。

「越さね」のネは強意の助動詞ヌの命令形で、「越すな」の意味ととれるわけだが、だったら、坂東市の猫実はどう考えたらいいのだろうか。どうも、「根越さね」説も、そのまま受け取るわけにはいきそうもない。

言葉の発音には音通もあり、転化もあって、地名の発音も同様である。そこで、猫の文字はもちろんのこと、ネコの音も、たとえばニコではないかと考えてみる。ニコは古語で、柔らかい・穏やかなどの意の「ニコシ」の語幹である。萌え出したばかりの柔らかい草を、「ニコ草＝和草」といい、鳥獣の細く柔らかく短い羽や毛を、「ニコ毛＝和毛」という。人間の産毛《うぶげ》もニコ毛と言ったが、音通してネコ毛ということもある。柔らかく短い様が似ているために、ためらわずに猫毛と書く人もいる。

滋賀県日野町の「猫田」地名の由来について、当地の方言で、微小な砂のことを「ニコ砂」というところから、ニコ田が猫田になったのではないか、というものがあった。正にこれである。方言と言っているが、その土地特有の方言＝俚言ではなく、歴《れっき》とした古語が残って、方言と見なされているだけの事である。

ニコ砂の溜まる所は、氾濫した河川が上流から土砂を運んでくる所である。そうした場所を「砂州《さす》」、又は「須加《すか》・須賀＝洲処《すか》」という。同じ砂州でも上流に近いほど、目の粗い砂礫が残留し、しだいに細かくなりながら、河口に近いほど微細な砂になる。

川縁《かわべり》の砂州は、氾濫が繰り返されると次第に高くなる。そのように高まった所を「曽根《そね》」と言う。砂州や曽根地形は、海波がつくる事もある。

浦安市の猫実地区は旧江戸川河口左岸の三角州で、猫実川の流域に位置している。細かい砂が滞留して作る、ニコソネの可能性が十分な地勢である。もう一つの坂東市の猫実地区も、近くの菅生沼に注ぐ入り江の右岸に位置していることから、その可能性は十分と見る。

そのように考えてくると、「ネコザネ」の由来は、「ニコソネ＝細かい砂でできた曽根」であると、断言してもいいのではないかと思えてくる。

「洲根《すね》」が転じて「曽根《そね》」に

『萬葉集』巻七・一一七六の歌に、「夏麻引《なつそひ》く海上潟《うなかみかた》の沖つ洲に鳥はすだけど君は音もせず」＝「（夏麻引くは枕詞だから意味はない）海上潟の沖の洲に海鳥がたくさん集まって、賑やかに鳴き交わしているけれど、あなたからは何の音さたもない」という、恋しい人に訴えた嘆きの歌がある。

海上潟は、千葉県市原市の養老川河口付近に比定されている。海の中に、河口から流出した砂が堆積して、小島のようになっているのが、「沖の洲」である。海鳥にとっては格好の休息場である。

洲は、洲処《すか》＝須加・須賀ともいって、海辺や川中・川縁・河口・湖岸などに、滞留する砂礫の堆積によってできるものだが、それが微小な砂だけのものを、特に砂州《さす》という。
万葉で詠った海上潟は内房総の海だが、洲崎からぐるっと回った外房の、安房《あわ》郡和田町の海岸には「白渚」と書いてシラスカと読む地名がある。隣接する鴨川市にも「貝渚《かいすか》」と「横渚《よこすか》」地名がある。渚《なぎさ》とは、川や海・湖沼の波の打ち寄せる所である。そこをスカと読ませるのは、渚はそのまま洲処＝砂の溜まる所であるという発想だろう。そうなると「横渚＝横須賀＝横に長い洲処」である。

洲処や砂州は、場所によって、次々と押し寄せる砂礫が累積して、丘陵状態となる事がある。そのような場所をソネといって、曽根の字を当てる。ソネのネは、「屋根《やね》・棟《むね》・尾根《おね》・嶺《みね》」のように、高い所を示す語に付く語素のネと考えられる。

そうだとすると、ソ根のソは必然的にス＝洲ということになる。つまり、洲処が高まった所をいう、洲根《すね》が転じてソネになり、そこに曽根の字が当てられたものと考えられるのである。

それを傍証するものに、奈良県の橿原市の曽我川がある。この曽我《そが》は洲処《すか》の転で、砂川の意味とされている。そこは古代豪族・蘇我氏の発祥の地でもある。曽我も蘇我も元はスカだったことになる。スネがソネに転じたのも、これと同じ変化だったという事になる。

もう一つ追記すれば、出雲大社の本殿のすぐ裏に、スサノオノミコトを祭神とする、小さな社がある。その名は素鵞社《そがのみやしろ》と言って、近くの稲佐の浜の砂を持って行って捧げ、代わりに神前の砂を頂いて帰れば、開運のお守りになると言われて、社前には砂箱が置いてある。ここにはソガとスナの関係が見事に示されているのである。

三　地質を示した古語による地名――「九石」

「九石」をサザラシと読む理由

栃木県芳賀郡茂木町に「九石」という地名がある。読み方はサザラシである。古くは下野国《しもつけのくに》九石邑《さざらしむら》といい、江戸時代の文献に出てくる地名という。もう一つ岩手県胆沢郡金ヶ崎町にも九石という小字があり、こちらはサザライシと言っているようである。

この珍しい地名の由来について、茂木町では、『日本歴史地名大系』(平凡社)の説明を引いて、「村にある駒爪石からきているとか、鎮守の宮祭田に九つの小石で飾るササラが発見されたことによるという」と、紹介している。

しかし、これだけでは、どうもすっきりした納得感がない。「駒爪石」とはどんなものなのか。昔から村の名になるほど有名なものならば、もっと知られてもいい存在ではないか。

また、祭田からそのようなものが発見されたのなら、それは多分、中世から江戸期にかけての、田植え時の田楽の名残りだろうから、それが行われていた頃の地名は何だったろうか。祭田から珍奇なササラが発見されたからと言って、それでいきなり地名が変更されるとは考えられない。

どうも、この説は、「発見されたことによるという」と、伝聞形式で語られている通り、編著者が、地元の伝承を紹介しているだけのものである。

これを考えるとき、まず浮かぶのが「君が代」の歌詞である。《君が代は千代に八千代にさざれ石の巌となりて苔の生すまで》。これは、『古今和歌集』（九一四）の巻七に載る祝賀の歌で、冒頭は「我が君は」と歌い出している。

しかも、「詠み人知らず」という、作者不明の歌なので、もしかしたら、当時、祝宴などで歌い囃されていた、民謡的なものだったかもしれない。そう思われるのは、この歌が、室町から江戸期にかけて、祝儀の席などで、民間に流行った薩摩小唄や長唄などの節にのせて、歌われていたことによる。

冒頭の「君」は主君と限らず、相手への敬語である。「代」は「時代・世代」のことではなく、年齢を指す意味を持つ。

明治になると、薩摩藩出身の砲兵隊長・大山巌《おおやまいわお》が、軍楽隊の演奏にこれを取り上げ、それがやがて海軍の儀礼曲となる。それを今度は宮内庁で、ドイツの音楽教師らの助けを借りて曲を手直しして、明治一三年（一八八〇）の天長節＝天皇誕生日にこれを演奏した。この時、「君が代」を天皇の御代と意義付けて、以後、様々な国家的儀式から、学校の諸式などにも歌わせてきたのが、現代の君が代である。

ササは細小のものを表す音

「千代に八千代に」は、人の長寿を祝うこころで、その具体的な形を示したのが、「さざれ石の巌となりて」である。

さざれ石とは小石の事。ササ・サザは細かく小さなことを表す語素で、下に何かを伴って、ササ波・サザ波・ササ鳴き・サザめく・いササか・ササい（な事）となり、サザレも同じで、サザレ波・サザレ貝・サザレ魚・サザレ石と、いずれも細かいとか、小さいという意味を表す言葉となる。

小石の古語はイサゴである。石の子の意で砂のこと。砂のこぼれる音はサラサラという。やや大きな小石＝砂利になるとザラザラとなる。そうした擬音語も細かい・小さいというニュアンスをもつが、それが名詞になると、ササは小の字を当て、ザラ・ザレとなると礫の字を当てる。サザ波は今でも言うが、ササ波は、例えば、万葉巻一・三〇の「ささなみの志賀《しが》の辛崎《からさき》……」とか、同三一の「ささなみの志賀の大わだ……」というように、志賀に掛かる枕詞《まくらことば》にも見えている。枕詞は、今では意味の分からないものもあるように、たいへん古いヤマト言葉から成っているものが多いので、今ではほとんど使わないササ波も、日本語成立期からの古い言葉だということが分かる。

サザレ波は「萬葉集」巻一・三一四の「さざれ波磯越《いそこし》……」の例があるが、『紀貫之集』（九四五頃）の歌では「ささら波寄する水際《みぎわ》に……」と、ササラ波と歌っている。

サザレ石は『万葉集』巻一四・三五四二の歌に「さざれ石に駒を馳せさせ……」の使用例がある。『現存和歌六帖』（一二五〇頃）のある歌には「さざれ踏みいざ行きて見む」の表現があるが、結びの句が「河沿《かわぞ》い柳萌《やなぎも》えわたるらし」とあることを見れば、サザレは河原の小石であることが分かる。

そういうさざれ石が「巌となりて」とは、海底に堆積した土石が、長時間かけて凝縮して、砂岩・礫岩のような巌になること、あるいは石灰質を含んだ水が、セメントのように礫を固めて巌にする事を詠ったもので、「苔の生すまで」は、その巌がさらに時を経て、苔に覆われるようになるまで――と、長寿を祝い祈ったものである。

さて、サザレ波がサザラ波になるように、サザレ石がサザラ石になることは、自然な発音の流れである。そして、明石《あかいし》がアカシに、鬼石《おにいし》がオニシになるように、サザラ石《いし》がサザラシと約《つづ》まるのも、発音の自然な現象である。

サザラ石《し》に「九石」の字を当てたのは、「九十九折」の項で見た通り、「九」は多い・多数の意味を持つ故である。九十九折を略して「九折」と書いた地名もあった。サザラ石は小粒の一つや二つではない。砂や小石が無数に広がっている土地だから、それが地名になったのである。

九石《さざらし》地区は、各地にある砂原、あるいは石原と同類の地名と考えられるのである。それらのことをズバリ纏めて表現している地名に、鹿児島県薩摩川内市の〈砂石《さざらし》〉がある。

因みに、この地にルーツを持つと思われる九石姓は、サザラシとかクイシと名乗って、栃木・埼玉・東京・北海道などに、合わせて一三〇〜一四〇の世帯が確認できるという。

四 〈薬袋〉を〈ミナイ〉と読む地名

山梨県南巨摩郡早川町の小集落、〈薬袋〉は、あまりにも、その表記と読み方がかけ離れているために、一口では言い表せない、いわく付きの難読地名である。それだけに色々な伝説を生み、様々な解釈が試みられているが、いまだに定説はないらしい。そこで、これまで述べられている解釈を基に、ここでその本意に立ち向かってみたい。

〈薬袋〉は〈みない〉と読む。早川町は身延山地の一角・七面山の山麓に位置した南面の山村で、二〇二三年一月一日現在、総人口九二九人という、平成合併以来、日本一人口の少ない村として有名になった。

有名なのはそれだけではない。目の前に聳える七面山（標高一九八二メートル）は、七面の崩落した急斜面から成っていて、かつては〈七板ガレの岳〉と呼ばれていた。この山地には日蓮上人が開いた身延山久遠寺があり、今は日蓮宗の総本山になって、多くの信者を集めている。その日蓮上人の書状にも「七面の峰・なないたがれ」の名が記されているという。

身延山の参詣者への案内書は、七面山について「此の山の八方に門あり。鬼門を閉じて、七面を開き、七難を払い、七福を援け給う、不思議の神の住まわせ給う山……」と述べている。だが、ここで問題とする不思議は〈薬袋＝みない〉である。その謂れについて、七面山の七つの池伝説がある。「京の都のさる高貴な姫君が、重い病にかかり、神のお告げにより甲斐の国七面の池の霊水で身を清めたところ、たちまち病は癒えて、七面天女になって池に住み着いた。それと知らずに姫を慕って訪ねてきた若者が、ここ薬袋の辺りまで来ると、ばったりと姫の足跡が絶えてしまった。焦った若者が、どの村人に尋ねても一様に「見ない」という返事が返ってきたことから、薬袋は〈みない〉と呼ばれるようになった」。

もうひとつ、同じような話だが、「ある時、領主の武田信玄がこの地に狩りにやって来た。信玄は重い持病をもっていたが、弱みを見せると、敵に付け込まれ、家臣の離反の恐れもあるので、それをひた隠しにして、薬袋など絶対に人には気付かれないように、秘かに携えていた。だが、あろう事か、この日は狩りに熱中していて、腰に吊るしていた薬の皮袋を落としたのも気づかなかった。近所の農夫がそれを拾って届けたとき、信玄は驚いて、真っ先に、「皮袋の中身を見なんだか」と尋ねた。農夫は直ちに「見ない」と答えたので、信玄はホッと胸をなでおろして、農夫に〈薬袋《みない》〉という姓を与えた。以来、農夫の住む土地をそのように呼ぶようになった」と。

あるいは、武田信虎・信玄二代に仕えた、名医の評判の高い本田徳本という医者がここに住んでいて、この土地では薬は不要だった。そのためにこの地では薬袋を見ないで済んだからという謂れ。

断片的な記録や伝承としてまず挙げたいのは、山梨県甲府市の右左口《うばぐち》町にある七覚山円楽寺《しちかくざんえんらくじ》である。この寺は富士講の先達とされる役行者の開基といい、役行者を祀った行者堂から上九一色村を経て、富士二合目の行者堂までの道が、富士登山道の草分けだったと言われる通り、ここは山岳信仰の拠点だった。

平成一七年（二〇〇五）県の発掘調査により、行者堂や六角堂跡が確認されているが、その六角堂に納められていたという、写経一千巻の裏書に「康永四年（一三四五）逸見庄皆波郷《へんみしょうみなみごう》尾崎草庵諏訪氏千野靫負《おざきそうあんすわしちのゆげい》」の銘があった。この人物は山岳修験者で、薬袋の地に薬師堂を建立したという伝承がある。実は円楽寺の本尊は薬師如来である。

ここに薬袋の地名の謂れを見ることができる。薬師如来は別名・大医王とも言われる通り、世人を病苦から救済する菩薩である。その像の右手は、万能薬の入った薬壺《やっこ》を捧げている。この薬師堂の存在こそが〈薬袋〉地名の由来である。

では、これを〈みない〉と読む謂れは何か。一つの説は——鎌倉時代のこと、都の典薬寮頭《てんやくりょうのかみ》・和気且成《わけかつしげ》は故あってこの地に配流されたが、その孫の延成《のぶしげ》が元弘の乱に際して、後醍醐天皇・足利尊氏の倒幕側に就いて戦功をあげ、皆井の土地を与えられた。皆井は現在の早川町付近の地名で、早川と春木川の合流地点で、〈水合《みなあい》〉がミナイと約まったものである。領主となった延成は、先祖の典薬頭に因んで、ここに薬袋の字を当てたが、地元の人たちは変わらずこの地をミナイと呼んでいたので、結局は〈薬袋＝みない〉という形が定着した——というものである。

典薬頭の話はともあれ、事実は、当時隆盛を極めた行者らが、皆井地域に薬師堂を建立して、その地点を薬袋と名付けたが、やがては元の呼び名に吸収されて、表記だけが残ったという事に尽きるのではないか。

秋田県能代市に万町という地名がある。よく城下町に見る万町は、ヨロズ町と読むのだが、ここではアラ町と言っている。古くは荒町だったのだが、いまから三一〇年ほど前の宝永元年（一七〇四）の地震で大きな被害に遭った時に、「野代」を「能代」に改めるのと同時に、「万町」に変えたものである。「野代」は野に代わる意に通ずることを忌んで、「良くす」という意味を持つ「能」にしたものであり、「荒」も「荒地・荒廃」に通じる事を忌避されたものである。

なぜ「荒町」を「万町」にしたかというと、荒町は「荒物・雑貨」を商う、荒物屋の町だったからである。荒物とは、木や竹・芦・藁などで作った、箒や籠、笊・草鞋や荒縄など、日用品一般を指す言葉で、それらを並べる荒物屋は、何でも扱うから別名は万屋。荒町＝万町だったのである。

だから、現地では書き方は万町と変えても、呼び名は何の違和感もなくアラマチで通して、現在に至っているのである。「薬袋」をミナイと言うのもこれと同じで、このような事はよく見かける例である。

なお、信玄の家臣のなかに、薬袋の姓を持つ者が数名いたらしいことは、武田家の菩提寺である恵林寺に遺る資料に認めることができるという。伝承では、武田家滅亡後、薬袋小助という人物が、武田家の譜代家老衆の浅利信種《あさりのぶたね》に従って、現東京都昭島市に住み着いたという事である。

また、小助は武田四天王の一人・内藤昌豊《ないとうまさとよ》の子息について昭島に土着したとも言われているが、市内・広福寺の昌豊の墓の脇に、「薬袋総本家先祖之墓」と記した石柱が立つという。

薬袋を姓とする人はそう多くはないが、全国で一番多いのが山梨県で約七〇〇人、うち、甲府市が約三〇〇人・中央市約二〇〇人で、続いて昭島市が約二〇〇人だという。

なお、内藤昌豊の墓と、内藤塚と称するものが、他に三カ所ある。一つは、昌豊が武田勝頼を奉じて、織田・徳川連合軍と戦った長篠の戦いで敗れ、退却する勝頼軍の追っ手を防いで戦死した、現愛知県新城市の天王山に立つ墓である。

もう一つは、昌豊の子・昌月が、父が城代を務めていた上野国の箕輪城に、遺体を引き取って埋葬したとして、現群馬県箕郷町の善龍寺地内に、その父子の墓が並んでいて、内藤塚と呼ばれている。

三つ目は、山梨県韮崎市の勝頼神社にある墓や供養塔である。

この話に出てくる甲府市内の〈旧右左口村《うばぐち》〉も珍しい地名だが、市内に御左口神社があり、これを〈ウオ（ン）サグチ・ジンジャ〉と呼び習わしている事から、それが訛ったものだろうと言われている。この神社は、諏訪の古代神・御左口神《みしゃぐちのかみ》を総本社として、二〇〇以上の変化した呼び名を持つミシャグチ神の、御《み》を御《おん》と読み替えただけで、かなり原形をとどめた呼び方と言えそうである。ただし、村の名になると〈うばぐち〉となって、早くもかなりの変化を示したものになっている。

これを見ても、地名が口承で伝えられているうちに、次々と変化していくものである事が分かる。

五　〈千両〉を〈チギリ〉と読む地名

愛知県豊川市にある地名である。その謂れは、地元にある犬頭神社の縁起が次のように物語っている。

《昔、この土地の郡司は養蚕を奨励し、二人の妻にも養蚕技術を競わせた。だが、正妻が飼っていた蚕はみんな死んでしまって、繭がとれなかったので、郡司はあきれて彼女の家には寄り付かなくなった。妻はたちまち貧しい暮らしになり、悲嘆に暮れていたが、ある日、庭先の桑の木に一匹の蚕がいるのを見つけて、家に持ち帰り、たくさんの桑の葉を与えて養った。

蚕はみるみる大きくなり、見た事もないような立派な蚕になった。妻がこれは立派な繭になるに違いないと喜んでいると、そこへ飼い犬がやってきて、一口で蚕を飲み込んでしまった。とっさの事に呆然としている妻を見て、犬も気配を感じたのか、しょんぼりとその場にしゃがみこんでしまったが、やがて大きなクシャミをしたと思うと、犬の鼻の穴から二筋の生糸のようなものが垂れてきた。

妻がそれを引っ張ってみると、それは真っ白な絹糸で、引けば引くほどスルスルと出て来るので、糸巻の枠に巻き付けると、たちまち枠をはみでるほどになってしまった。一つ、二つと枠を重ねてもまだまだ続いて、とうとう一〇〇個にも余る生糸の枠が、部屋いっぱいに積み上げられた。

妻は疲れ果てて、ふと手を休めると、それきり糸は出なくなり、犬は静かに目をつむって、そのまま冷たくなってしまった。

そこへ通りかかった郡司が、妻はどんな暮らしをしているだろうかと、さすがに気になって立ち寄ってみると、家の中には見事な光沢を持った絹糸が、足の踏み場もないほどに、積み上げられているではないか。

訳を聞いた郡司は驚き喜んで、その話と共に不思議な絹糸を朝廷に献上した。朝廷の機織り役人たちも、見た事もない立派な生糸に驚き、すぐに織り上げて、天子様のお召し物を作って差し上げた。天子様は、大層お気に召して、これは千両にも値すると言って、郡司の土地に千両という名を賜った。

郡司は、これは神様が犬を使わして妻を援けたに違いないと思って、自分の誤りを悔いて妻の家に戻り、犬を懇ろに弔って神社を建てて祀った。話はたちまち広がり、近郷近在の養蚕農家の人々は、犬頭神社と呼んで篤く信仰を捧げた。

以来、千両地区の生糸は、特別に質の良いものになり、『犬頭糸』と呼ばれて、全国に名を知られるようになった》。

ここはかつて三河国といって古くから養蚕が盛んで、良質な生糸を生産し、奈良・平安時代を通して、調租として朝廷に献じていた。その頃から、三河産の生糸は犬頭糸と呼ばれていた事が、平安時代の『延喜式』にも記されている。さらに、平安末期に編まれた仏教説話集の『今昔物語』には、この伝説の種本とも言える説話が載っている。

いま、豊川市千両町の犬頭神社の境内には、ご神木とされる桑の古木や、幹回り五メートル余の楠の大木が生い繁って、神社の歴史を物語っている。御祭神は保食大神《うけもちのおおかみ》で、養蚕の神として信仰を集めている。

伝説にしても、千両と書く謂れは語られている。しかし、千両をチギリと読む理由については、触れられていない。そこで思いを巡らすと、棹秤《さおはかり》をチギリといった事が浮かんでくる。棹秤は昔の単位で一貫目＝三・七五キロ以上の物を計ったのだが、米俵のような重い物を計るには、二人で差し向かいに天秤棒を担いで計った。そして、生糸や卵・金・銀など、微小にして貴重な物を計るには、小さくて細かいメモリを刻んだチギリがあった。

次に、〈両〉だが、これは重さの単位を言う語だった。古代中国の単位を受け入れたものだが、一両小判は、一両の目方の〈金〉で作った小判という意味である。生糸は一六両で一斤と言い、六〇〇グラムに相当する。いまはメートル法になって、こういう単位は使わなくなったが、重さや量が足りないときの慣用句として、「両目（量目）が足りない」などという言葉が残っている。

歴史的事実と伝説を背景に、千両とチギリを総合すると、これは大量の良質な生糸の生産を意味しているものと思われる。その増産を祈って、桑の木をご神木として、養蚕の神を祀る事も自然な姿である。

しかし、なぜ犬頭神社に由来する、犬頭糸なのか。この突飛とも思われる名称を考えていた時に浮かんだのが、〈繭〉の音読みはケンだという事だった。だとすれば、〈頭《とう》〉は〈当《とう》〉ではないか。〈繭当《けんとう》〉神社。〈絹〉も音で読めばケンである。こちらを採るならば「絹当神社」である。

都から派遣された国司かその書記官か、文字に明るい知識人が、領国特産の生糸の増産を祈願して建てた——あるいは元からあった神社に、〈繭当神社〉の社号を贈ったものの、難しい文字など分かるはずもない当時の農民たちは、その音から自分たちが連想できる範囲の文字を当てて、言い慣わしたのが〈犬頭神社〉だった——という事ではないか。

勝手な推理に過ぎないかもしれないが、律令時代の養蚕農民たちの素朴な願いと、信仰の姿を映した伝承を伝える〈千両〉は、限りないロマンを感じさせる地名である。

第一一章　古語で解ける難読地名

これまで見てきた中にもそういう事例は幾つかあったが、難解・難読地名と言われるものの中には、相当部分、忘れられた古語によるものがある。例えば各地に見られる〈御厨《みくりや》〉という地名。厨は今でも〈厨房《ちゅうぼう》〉という言葉があるように、飲食物を調理する台所の事である。引いては調理人を指したり、もてなす意味になったりしているが、地名になっている御厨は、たいがい、かつて貴人や寺社の食材を賄う菜園や漁場だった土地である。

長野県駒ケ根市に〈桜大臣《さくらんど》〉という地名がある。文字から受けるイメージは、桜の巨木でもある土地という感じだが、意味はたぶん崩壊地名を表す〈サクラン処《ど》〉だろう。〈大臣〉は音を借りたに過ぎないが、この字を当てたのは、かつて大臣をオトドと言ったことによる。オトドの語源は〈大殿〉である。貴人の建物＝御殿の事だが、殿様と言うように、そこに住む人を指し、オトドは大臣を指すように特化したものである。

このように、難解な地名だと思っても、辞書や古語辞典に当たってみれば、解決する地名がかなりあるという事である。

一　十二月田《しわすだ》は師走田か

埼玉県川口市の「十二月田《しわすだ》」という地名は、ちょっと見には読めないが、地名の好きな人の間では、かえって難読地名の代表のように語られていて、けっこう有名な地名である。ここはかつては「十二月田村」だった。

十二月の異称はシワスといって、「師走」と書く。師走比丘尼という言葉がある。年の暮れはみんな忙しくて、比丘尼＝尼僧を相手にしている暇はないということから、落ちぶれてみすぼらしい姿の尼を言ったものである。

俳諧「炭俵」（一六九四）に、その言葉を取り込んで詠んだ連歌がある。「浜までは宿の男の荷を抱え・師走比丘尼の諷《うた》の寒さよ」。わずかな駄賃を貰って、安宿に同宿した男の荷を抱えて、浜の船着き場まで歩いた比丘尼〜その師走比丘尼の経をあげる声の、か細く寒々としていることよ——、という意味である。「師走坊主」「師走浪人」も、江戸時代にしきりに言われた、

同様の意味をもつ言葉である

シワスの初見は『日本書紀』とされるが、そこでは「十有二月」や「季冬」と書いてシワス＝当時の発音ではシハスと訓じている。『萬葉集』になると「十二月《しはす》には淡雪降ると……」（巻八・一六四八）のように、十二月の表記になる。

シワスの語源については、平安末期に編まれて辞書『色葉字類抄《いろはじるいしょう》』（一一八一頃）は、「臘月《しはす》、十二月《しはす》　俗に師馳と云う」と言い、それから約一〇〇年後の『名語記《みょうごき》』（一二七五）も、その説を追認するように、「しはすをば臘月《ろうがつ》と書けり。古くは師馳《しはせ》の義にて師馳せ月」としている。

これは、十二月には法事を行う家が多いために、「師の僧が馳《は》せ回《まわ》る」ことから師走《しはす》と言うようになった——というものだが、色葉字類抄は「俗に云う」として、本来の義ではないかもしれないという含みを持たせている。しかし、その後有力な説が出ないために、今でも、とりあえず、そのように説明される事が多い。

江戸時代の商家では、掛け売りが多く、月末に売掛帳を持って集金に歩くのが忙しかった。まして、年末ともなると、一年分すべてを整理するために、なおさらに忙しい。消費者側では、年内の借金は全部清算しなければならないので、金工面に忙しい。

あまり豊かでもない家の子どもを相手にして、生計を立てている寺子屋の師匠などは、その掛け取りに、忙しく走り回らなければならなかった。江戸の庶民たちは、師走の意味を実感として捉えていたようである。とにかく、今も昔も、年末は忙しい事に変わりはない。

十二月田と狐の田植

そういう「十二月の田」と書く地名の由来は何か。読み方に増して、由来も、おいそれとは考え付きそうもない地名である。

江戸幕府が総力を挙げて編纂した地誌、『新編武蔵風土記稿』(一八二九)は、その由来を次のように記している。

「十二月田村は、昔、十二月晦日《みそか》狐来《きつねきた》りて、杉葉を以て田を植えるさまをなせしより、此《こ》の村名起れりと云《いう》、奇怪《きかい》の説なり」＝「昔、十二月の三十日《みそか》に、ここの田んぼに狐がやって来て、杉の葉っぱを稲苗に見立てて、田植えの仕草をしたことにより、十二月田の地名が起こったという。怪しい話である」。

十二月田の名の謂れを説くとき、誰もがこの話を持ち出して語る。著名な地名研究者も、この説を基に、柳田国男の狐と人間の関わりについての、民俗学的な考察などを引き合いにして、この「奇怪な」由来説話を、農民の稲の豊作を祈る心の表れである、などと説明している。そして、地元にある稲荷神社を、その傍証として挙げている。

しかし、それは伝説の説明であって、地名解ではない。それで終わってしまうと、読者は、その伝説によって地名ができたものと、誤解しかねないのではないか。

先の『風土記稿』は、十二月の狐の伝承を地名の起源として語るのは、「奇怪な説なり」と言っているが、その通りである。その伝承が、農民の豊穣を願う気持ちの表れというのは、まったくその通りだとは思うが、それを以て地名の起源とするのは、筋が違うのではないか。

狐の田植えの話は、十二月田という地名があって、その謂れを説くために、稲荷神社の信仰と結びつけて創られたもので、伝承から地名が起こったとするのは話が逆である。

地名伝説とは、たいがい日本武尊や弘法大師など、誰知らぬ者のない昔の偉人や、地元の有名人、また不思議な霊魂譚などに結び付けて、その由来を説くものである。伝説は、その「事実」によって地名が生まれたと説くが、実は元からあった地名に意義付けるため、後から付会した創作である。

繰り返すが、伝説や伝承から地名が生まれるのではなく、伝説・伝承は、そこにある地名について、希望を込めて付会した来歴説明なのである。

「十二月田＝田尻」である

十二月田の狐の田植え伝説は、昔から言われていた、「十二月狐《しわすきつね》」という慣用語を背景にした創作と読める。昔、十二月頃の狐の鳴き声がこんこんと、特に冴えて聞こえるということから、十二月狐という言葉があった。万治三年（一六六〇）初演の狂言「末広がり」に、「師走狐のごとく、こんこんといふほど張《う》って御ざる」というセリフがある。

では、十二月田の本来の謂れは何か。私は十二月を言うシワすは「仕果《しは》つ」ではないかと思っている。これは私の独創ではない。古来、色々な説が出される中で、私がいちばん共鳴したのが、『紫門和語類集《しもんわごるいしゅう》』（江戸後期）の「成終月《なしはつるつき》」を略し転じた「仕果《しは》つる月」⇩「仕果《しは》す（月）」という説である。

その伝で見ると、十二月田は「仕果つ田」となる。新田開発事業の最後の田、または田んぼの端に位置する田、別な言い方をすれば「田尻」である。十二月田の本来の意味は、そういう事ではなかったかと、私はそう思っている。

古代文化の匂いを伝える、臘数という地名

岡山県高梁《たかはし》市の川上町に、「臘数」という、なんとも不思議な大字地名がある。見ただけでは、読みも意味も皆目見当がつかない。

高梁市の『広報たかはし』の「地名をあるく11」によると、この読み方は、シワスだった。地名の初見は、戦国時代の文亀三年（一五〇三）の、当地・八幡宮の神田検地の記録にある「臘数村」の記述だという。そして、この読みがシワスと分かったのは、天保六年（一八三五）

の文書に記された村名に、シハスと振り仮名があった事によるという。

シワスといえば、普通、十二月のこと。そこで思い当たるのは、前述の十二月田地名を調べている時に、『色葉字類抄』や『名語記』にシワスを「臈月」と書いていたことである。漢和辞典によると、臈と臘はともにロウと読む同意字で、果てるとか、終わるという意味から、旧暦十二月の異称になったとのことである。日本でも古くから遣われているものと見えて、平安初期の勅撰漢詩集『文華秀麗集《ぶんかしゅうれいしゅう》』(弘仁九年・八一八)に、「行路雲山臘月時」=「雲山に登ったのは、臘月の時だった」の使用例がある。

臘数地名は臘だけでもシワスと読めるのだが、あえて二字にするために数の字を付けて「臘《しわ》・数《す》」としたものと考えられる。これはかなり古い地名ではなかったかと思う。

それにしても、よくもこんな難しい文字を変えることなく、これまで保ち続けてきたものと、感心するばかりである。そして、この奥深い古代文化の匂いのする地名を、いつまでも使い伝えてほしいものと、強く思うことである。

二　特牛《こっとい》――山口県下関市

古代文化の匂いのする地名と言えば、その代表的なものの一つに、山口県下関市の〈特牛《こっとい》〉

がある。平成一七年（二〇〇五）、JR山陰本線特牛駅の鄙びた風景が、映画『四日間の奇跡』（原作・浅倉卓弥、監督・佐々部清）のロケ地になったことから、がぜん注目を浴び、難読地名の代表と目されるようになった。

しかし、特牛地名はここだけではない。福井県美浜町の敦賀半島の日本海に面した一角に〈特牛崎〉がある。また、福岡県田川郡赤村には特牛岳（標高六九〇メートル）と小特牛岳（標高六九六メートル）が並んでいる。

では、特牛とは何か。『広辞苑』でコットイを引くと、「特牛」が出て《コトイの転。こといのうし》とある。そこでコトイに当たると、《特牛・（コト（殊）オヒ（負）の約かという）「ことい（の）うし」「ことうし」の略》とあるだけなので、今度はコトイノウシを引いてみる。すると《特牛・重荷を負う牡牛。強健な牡牛。ことい（の）うし。こっていうし》として、『萬葉集』巻一六の歌の「特牛の鞍の上の」という歌の用例が紹介されていた。

岩波の『日本古典文學大系』の『万葉集 四』で、原歌に当たってみると、その註に《コトヒノウシは、牡牛、特に大きい牛》として、他の歌（一七八〇）の註を参照とある。

参照とされた歌は「特牛《ことひうし》の三宅の浦にさし向かふ」で始まる長歌だった。その註を訳すと、《特牛の―枕詞。ミヤケにかかる。コトヒは重い荷物を背負う牡の牛。牛が租税の米を背に、屯倉《みやけ》＝官営の収納倉に、各地から続々と運んで来る景色の印象深さによって、ミヤケの枕詞になったものか。和名抄に「特牛・俗語に云《いう》、古止比《ことひ》。頭大牛也」とある》と。

こうして特牛とは、重い荷を運搬する、強大な牡牛を言う古語と分かった。

すると、特牛湾という小さな入り江は、別に琴江と呼ばれている事から、琴江が訛って特牛になったのだろうと説く向きもあるが、どちらが先というよりも、どちらも、その字を当てただけではないかと思えてくる。

あるいは、湾の形が大きな牡牛を象《かたど》っているように見えるものか。敦賀半島の特牛崎は、海側に突き出た瘤のような形状が、なるほど、言われてみれば、力強い牡牛のようだと思わせる。福岡県の特牛岳も同様な印象なのだろう。

ところで、その特牛岳は、地元の案内板などには、特牛岳とは別に、〈犢牛岳〉と書かれていることもある。漢和辞典によると、〈犢＝子牛〉とある。

力強い牡牛と子牛ではかなり印象が違うが、日本では牛偏のあるところから、ほぼ同じ意味として使っていたものだろうか。

この字の地名には、千葉市の〈犢橋町《こてはし》〉がある。近くには、かつて文武天皇（七〇一～七〇四）の詔によって、国営の牛牧が置かれていたので、それとの関係が説かれている。これを見ても、〈特牛＝犢牛〉と捉えていた事が分かる。

また、徳島県の佐那河内村《さなごうち》には〈牧犢《うしかい》〉という地名がある。〈牧＝飼う所〉だが、表記は

〈牛牧〉を逆さにした漢文調である。

なお。鹿児島県出水市には、〈下特手《しもこって》〉という地名がある。これは〈強《つよ》い=TUYOI《つよい》〉⇩〈TUEE《つええ》=強え《つえ》〉という発音の変化の法則によって、〈コットイ⇩コッテ〉となったもので、元は〈特牛〉であったはずである。

三　和布《めら》――福井県和布町

〈和布〉と書いてメラと読む。文字通りに解釈すれば、柔らかい布である。メラとは、メとも言って、食用となる海藻の総称であることから、特にワカメを指す事もある。

『古事記』の大国主命の国譲りの項には、櫛八玉神《くしやたまのかみ》が海に入って〈海布《め》〉を刈ったとあり、『万葉集』巻三・二七八の歌では「志可《しか》の海女《あま》は〈藻《め》〉刈り……」と歌っている。その〈和布《め》刈《かり》〉という地名が北九州市の門司区にあり、町内の和布刈神社では、毎年旧正月の元日に、和布刈の神事として、神職が和布《わかめ》・荒布《あらめ》を刈り取る行事を行っている。

そして『名語記』は「海草のメをワフというのは、葉が柔らかくて布に似ているので、和布と書く」と説明している。

和布町は福井市の日本海に面した町だけに、この地名は正に地域の特性を表しているものと言えるだろう。

四　呉服《くれは》――静岡市・池田市呉服町

〈呉服町〉と書いてクレハチョウ。静岡県静岡市と、大阪府池田市に呉服町がある。同じ呉服町でも、福岡県博多市と、熊本県熊本市の呉服町は、ゴフクマチという。

静岡市の呉服町の辺りは、室町時代の守護大名・今川氏の居館があって、駿府の元町と言われ、当時から城下の主要地域だったという。慶長一四年（一六〇九）、徳川家康が駿府へ隠棲した時に、九六カ町の町割を行い、その一つに呉服町の名を付けた。ここには昭和の初期まで、家康の時代から続く老舗も含めて、一〇数軒の呉服店が並んでいたという。

それに対して、大阪府池田市の呉服町は新しく、昭和一九年（一九四四）に呉服町として誕生した町である。そんな新しい町の名にクレハという、難解とも言える名を付けた理由は、この地域に伝わる、有名なクレハトリ伝説の存在である。

昔、呉の国からクレハトリ・アヤハトリという姉妹がこの土地にやって来て、機織りの技術を教えたのが、この国の機織りの初めであるという伝説とともに、この町には呉服神社が祀られている。

呉服店《ごふくてん》と言えば、今でも和服の生地や和服を扱う店の総称となっているが、これをクレハと読む理由は、この伝説に潜んでいる。

呉国《ごのこく》は三世紀に中国にあった国である。『日本書紀』の第一六代・応神天皇三七年の項に、二人の使いを呉国に送り、《縫工女《きぬぬいひめ》》を求めたところ、呉国の王より《工女兄媛《ぬいめえひめ》・弟媛《おとひめ》、呉織《くれはとり》、穴織《あなはとり》、四人の婦人を》与えられて、連れて帰国したという記事がある。

また、四一年の項には、帰国した一行が九州の筑紫《ちくし》に上陸した時、宗像大神《むなかたのおおかみ》に乞われて、《兄媛》＝「工女姉妹の姉」を大神に奉って、三人の工女を連れ帰り、摂津国《せっつのくに》の武庫《むこ》に着いたとある。

筑紫国に留まった兄媛は今、福岡県福津市の縫殿神社に祀られている。他の三人の子孫については、書紀は《今の呉衣縫《くれのきぬぬい》・蚊屋衣縫《かやのきぬぬい》、是《これ》なり》として、今の奈良県高市《たかいち》郡辺りに比定されている。

さらに、第二一代・雄略天皇一四年の項には《漢織《あやはとり》・呉織《くれはとり》の衣縫《きぬぬい》》の名が出てきて《是《これ》、飛鳥《あすかの》衣縫部《きぬぬいべ》・伊勢衣縫《いせのきぬぬい》らが先《おや》なり》と、絹織の職工たちの広がりを示している。

この歴史的事実が、池田市の呉機織《くれはとり》・漢機織《あやはとり》伝説の元である。つまり、ハトリはハタオリを約めた言い方である。そして〈クレハ〉は〈クレ・ハトリ〉の略称だったのである。

なお、律令制度以前に大和王朝に奉仕した機織部《はたおりべ》は、衣服を織る事から服部と書き、略してハトリ・ハットリと言い、今、名字となっている〈服部〉や〈羽鳥〉などは、その系統の姓である事を示している。

五　綣《へそ》――滋賀県栗東市

〈綣〉。一字でヘソと読む。現代人の語感では、腹の真ん中のヘソと結びついて、奇妙な地名と思われそうだが、これはかつては、日常生活と密接な関係のある語だった。

日本の長い身分階級社会を支えた家父長制度は、農村でも男と対等か、あるいはそれ以上に、家計を支えていたにも拘らず、女性の地位は低く、自分で自由になる金を持つことは、ほとんどできなかった。そこから生まれたのが〈ヘソクリ金〉という言葉である。これは漢字で書けば〈綣繰り金〉である。

これで分かるだろうが、〈綣〉の字は〈糸・巻〉と書く通り、紡いだ糸を繋いで、環状に幾重にも巻いたもののことである。綣を繰るとは、糸を紡いで、糸巻車に掛けて、糸の束を作る事を言う。

その作業によって得た金が、綣繰り金。引いてはその仕事の残業代などを、秘かに蓄えた金をも、綣繰り金と呼ぶようになった。その言葉は、綣繰りが、女性の最も普遍的な仕事だった事をも示している。

綣は別に〈綜麻〉とか〈巻子〉と書く。〈綜〉の字は綜合＝総合と言ったときは〈バラバラな物を纏め上げる〉意味になるように、微細な繊維を纏めて経糸《たていと》にして通す、機織りの道具のことである。〈麻《そ》〉は赤麻《あかそ》・紙麻《かみそ》・菅麻《すがそ》など、山野に自生する繊維のとれる植物の総称である。

〈巻子〉は文字通り、紡いだ糸を巻く道具を指す。

『古事記』の三輪山伝説の項に、夜な夜な娘の許を訪れる男の正体を知ろうと、その親が娘に、男が帰る時に綣麻《へそお》＝糸巻の糸を針に通して、男の衣の裾に刺せと教える件《くだり》がある。翌朝、その糸を手繰っていくと、三輪山の社にたどり着いて、男は三輪山の神だった事が知れたという話である。

このように、綣は糸紡ぎから機織りへの、一貫した仕事の一過程として、長い歴史を通して、女性の重要な仕事だったのである。

六　点野《しめの》――大阪府寝屋川市

〈点野〉と書いてシメノと読む。シメノといえば、『万葉集』巻一・二〇の額田王《ぬかたのおおきみ》が歌った、有名な歌を思い出す人が多いのではないか。《あかねさす紫野行き標野行き野守は見ずや君が袖振る》＝《「あかねさす」は枕詞。紫草の生えている野、標《しめ》を張って御料地にしている野と、貴方はあちらこちらと行き来しながら、そんなに私に向けて袖をお振りになって、野守が見てはいないでしょうか》。

天武天皇が皇太子だった頃の、額田王とのロマンスを背景にした歌である。中学・高校の古典の教科書に、よく採られている歌でもある。

〈標〉とは、ある場所や物などの占有の印として、縄などを結んでおくこと。空き地などを囲んでいる占縄が、その形である。神域に張る注連縄《しめなわ》は、これより先は神の領域という印である。この歌の〈標野〉は占有の印のある野。この場合は一般人の出入りを禁じた、皇室の御料地を指す。

では、なぜ〈点野＝標野〉と言えるのか。それは〈要点・盲点・終点〉などと言うように、〈点〉はある特定の場所などを、選び定めるという意味を持つゆえである。その意味で〈点ずる〉と言えば、単純には点を打つことだが、多くのものの中から、どれかに印をつけて、指定するという事にもなる。

広大な野の中、あるいは幾つもある野の中から、一点を指定する事が、そこを標《しめ》る＝占める事になるわけである。

七　名細《なぐわし》――埼玉県川越市

「名細」は、なんとなく優雅な香りの漂う地名である。それはどこから来ているのかというと、思うところ、ひとめ見には細という字のなよなよとしたものでありながら、詳しいという確かな意味を持つ、内面的なしなやかさと、強さを感じさせることではないか。それは荒々しい力強さではなく、洗練された、繊細な靭《つよ》さへの憧憬とも言えるかもしれない。「細」の字はホソイともコマカイとも読むが、細かいものは精密である。精密なものは探れば詳しくなる。細と書いて詳しと読むのはそのためである。

さらに、世間一般に詳しく知られているということになれば、それは有名だという事になる。万葉集の歌に遣われている「名なぐわし」は、皆それである。その巻一・五二の長歌（作者不詳）では「名くわし吉野の山」と歌い、同一〇三の柿本人麻呂の歌は、「名詳しき稲見＝印南の海」と言っている。

ここからは、単に名が知られているとか・有名なというだけでなく、さらに踏み込んで、名の良い、名の美しという意味をも含んでいるように読み取れる。吉野はそれだけで佳い名である。稲見も別には稲波と書いたように、稲の穂が風になびいている様で、豊かさを表している。稲見の海とは、稲穂が風になびいているように、小さな波を立てている海である。

そうなると、「名ぐわし」の語源は「名香《なかぐわ》し」ではないかと思えて来る。香しは『竹取物語』のかぐや姫のそれである。

川越市の名細地名は、古く名細村から来ているものだろうか。それを尋ねると、確かに名細村はあったが、それは明治二二年（一八八九）四月に、九カ村が合併して付けられた村の名前だった。それは高麗郡名細村だったが、明治二九年（一八九六）、高麗郡が入間郡に編入して、入間郡名細村となり、さらに昭和三〇年（一九五五）、川越市に編入合併すると、行政的には名細村の名は消えて、川越市鯨井《くじらい》となる。今はその地にあった名として、市立名細小学校などに名を遺す。

その時に合併した九カ村は、鯨井村・上戸村・小堤村・下小坂村・平塚村・平塚新田・吉田村・天沼新田・下広谷村で、その中に名細村の名は見当たらない。

新村名の成立理由については、九カ村の当初に挙げた鯨井村の村史が、概要次の通り述べている。「合併した村々はいずれも小さな村で大小はないが、それでも中で一番大きい村の名を採るか、村々の名を折衷しようにも多すぎて、それもできないので、歴史上知られた地名、または残しておきたい名にするか。もしそういうものがあったならば、古老らに聞いて申し出るようにと、村々の戸長に申し付けておいたところ、この地方を称賛した古歌の枕詞を採って、新村の名にしたいという申し出があった」と。

「この地方を称賛した古歌」とは、『伊勢物語』の第十話の、京を住みづらいとみなして、武蔵国まで惑い歩いて来た男が、思う娘の母親と詠み交わした、「入間《いるま》の郡《こおり》・三芳野《みよしの》」の歌である。これによって、古来、三芳野は歌枕となり、多くの歌人が三芳野の歌を詠んでいる。

三芳野の里の所在地については、色々言われているが、有力な説はかつての上戸〜鯨井辺りである。だが、「この辺りを称賛した古歌の枕詞」とは何を指すのだろうか。

この辺りの歴史に残る古歌と言えば、やはり三芳野だが、「名ぐわしの三芳野」と詠んだものはない。だが、その後の色々な地名説明を見ると、「三芳野」はまさに「名細の」という枕詞に相応しい所という思いから、いつしか先の萬葉の柿本人麻呂の「名細しき稲見の海の」の歌を、この地を詠んだものと付会して、村名の謂れと説いているものが多い。

しかし、いくら強い郷土愛によるものとしても、「稲見の海」を詠んだ歌を、武蔵野のど真ん中の地を詠んだものとするのは、強引過ぎていただけない。ここは素直に、万葉の古歌に照らしても、三芳野は「名細の」という枕詞に相応しい土地である事から、そう名付けたものと説明した方が、理にかなっているのではないかと思う。それにしても、正に名香《なかぐわ》しい佳い地名である。

八　高梁《たかはし》――岡山県高梁市

岡山県の高梁《たかはし》市も、何でタカハシと読むのか、ちょっと見には理解しがたい市名である。ハシの名がある通り、吉備高原の山間を流れる、高梁川がつくった河岸段丘の上に、発達した山間の町である。

中世初期には高橋といったが、その後、支配者の意向で松山と改称する。江戸時代の松山藩は、幕末には旧名に因んで高梁藩と改められ、その表記がそのまま現在に至っているというものである。

そこでなんで高梁なのかという問題だが、「梁」は音ではリョウといって、橋梁《きょうりょう》という言葉があるように、橋と同じ意味を持つ。また、ハリとかウツバリといって、屋根の重みを支えるために、柱の上に棟と直角に交わす横木のこと。

これも橋と同じく、「梁《はり》を渡す」という。だいたいハシとは両端を繋いで渡すものを言う言葉である。箸は膳の食物を口に渡すもの。梯子は上下の空間を繋いで渡すものである。古い言葉にキザハシがある。弥生時代の米などを貯蔵する倉庫に、ネズミ返しを付けた高床式の倉庫がある。そこへ上り下りするために、丸太を斜めに立てかける。滑り止めに、足場を刻んだものが刻梯《きざはし》である。この様式を階段と言うが、青森県階上《はしかみ》町や、宮城県気仙沼市にある階上《はしがみ》という地名は、地形がいきなり高くなっている所を示すものである。

この地の旧名・松山は時の領主が城を築いた大高松山に因んだもので、それ以前の高橋名は、川流が刻んだ河岸段丘の土地だけに、両岸を繋ぐ高橋が幾つも設けられたことによる。それがなぜ高梁かというと、いま高橋姓が全国で三番目に多いと言われるほど一般的な表記なので、高梁と書いて特化を図ったものと考えられる。

九　稲倉《しなぐら》と稲核《いねこき》――長野県松本市

〈稲倉〉と〈稲核〉は、ともに長野県の松本市にある地名である。稲倉は普通イネクラまたはイナグラと読む。同じ長野県上田市には、〈稲倉《いなぐら》〉という集落があり、棚田が有名である。ところが松本市の稲倉はシナグラと読む。稲核の方はイネカクならぬイネコキである。どちらも一筋縄ではいかない地名に見えるが、古い読み方で見れば、それほどのことではないと言える。

イネがイナとなるのは稲作《いなさく》・稲村《いなむら》のように、下にある語が付くと変化する例で、酒《さけ》が酒屋《さかや》になるのと同じである。稲をシネと読むのは、多く粳稲《うるしね》＝うるち米のように、稲の上に何らかの語が付いた時で、『日本書紀』や『延喜式』などにも、十握稲《とつかしね》とか、荒稲《あらしね》＝籾《もみ》のままの稲・和《にぎ》稲《しね》＝籾殻を取り去った稲などの言い方が見える。

稲倉は稲を貯蔵する倉の事で、水田地帯ではどこにでもあった。弥生時代のネズミ返しの付いた、高床式の倉庫などが知られている。律令制の時代、租の稲は国府や郡衙《ぐんが》に納められたが、それを貯蔵する倉庫を正倉《しょうそう》と言った。一旦ここに収蔵した稲は、はるばる中央政府まで運ばれたが、一部は残して、役所の費用や役人の手当に使われた。また、郡衙には、飢饉などの時のために、籾を貯蔵する義倉《ぎそう》と呼ばれる倉もあった。倉という字は元々、最初の二角が屋根を表し、その下の字が、香りのよい穀物＝稲を示しているのだという。

各地に、奈倉とか名倉という地名があるが、それは納倉のことで、私的であれ公的であれ、稲の貯蔵庫の所在を示しているものと言われている。律令制度の崩壊後も、各地の荘園領主や戦国大名たちも、それに似た稲の収蔵庫は必要だったからである。

稲核《いねこき》の方は、やや戯訓めいた地名である。〈核〉とは、核心という言葉があるように、植物の胚芽を包んだ、硬い殻の事である。その代表的なものであるクルミは〈核桃〉と書く。日本では主に〈胡桃〉と書くが、これは〈胡瓜《きゅうり》〉と同じく胡国《このくに》＝古代中国の北方の国から、渡って来たものという意味の書き方である。因みに、和語のクルミは、胚芽を硬い被殻で包《くる》んでいる事を示した名称である。

藁の先に実った稲籾《いねもみ》を扱《しご》き取る作業を、稲扱《いねこ》きという。扱き取る稲籾は則ち〈稲核〉である。

その作業の呼び方と、目的とする対象を重ねたものが稲核《いねこき》だというわけである。

一〇　糸魚川《いといがわ》と魚神山《なかみやま》

新潟県の糸魚川市も、何故と首をかしげる地名である。魚が何でイなのか。それを追いかけて魚の付いた地名を探してみると、圧倒的に多いのは、富山県魚津市に代表されるウオ地名である。当然の事ながら、日本列島を取り巻く海岸沿いの漁港や、漁村に無数に見ることができる。

熊本県天草市には〈魚貫《おにき》〉という地名がある。島根県松江市には〈魚瀬《おのぜ》〉があった。馬・梅の字の付いた地名の馬込《まごめ》（東京）・対馬《つしま》（長崎）、本梅《ほんめ》（京都・亀岡市）・夏梅《なつめ》（兵庫・養父市）の例に見るように、地名などのウ音はまま落ちやすいものとみえて、魚貫も魚瀬も、ウオのウ音が脱落したものと考えることができる。

また、ウオは関西を中心にイオとも言われていた。そこで糸魚川のイはイオのオ音が脱落したものと考えればいいようである。同じ字を書いても、福井県大野市の場合は〈糸魚町《いとよ》〉という。イオは早く言うとヨウ・ヨーとなる。魚取《いおと》りはヨー取りである。イトヨはこのヨー系統の読み方である。群馬県神流町にも〈魚尾《よのお》〉という地名がある。

関西では今でもウオ・イオが中心だというが、関東ではサカナが一般的である。しかし、サカナの呼び方は比較的新しいものだという。

徳川家康の御意見番を、自他ともに許したという大久保彦左衛門は、講談や映画・テレビドラマに、しばしば取り上げられるが、その時にセットで登場する一心太助《いっしんたすけ》という、威勢のいいコミカルな若者がいる。架空の人物だが、二つの魚桶を吊るした天秤棒を担いで、街中を行商する、上げ鉢巻の兄ちゃんである。

映画でもドラマでも。サカナヤの太助で通っているが、ウルサイ人にかかると、家康の頃にはサカナ屋はいなかったという。当時はウオ屋で、サカナ屋と言い出したのは江戸も末期の事なのだ——と。そうなると比較的新しい地名なのか、宮城県の石巻市と、隣接する気仙沼市には、ともに〈魚町《さかなまち》〉がある。

サカナは肴と書くように、語源は〈酒＋菜〉である。古い和語では、副食とする鳥獣の肉・魚介類・野菜類などは全て〈ナ〉と言った。高級な女官などは美称を付けて〈マナ〉という事もあった。いまマナというと〈真魚〉が浮かぶのは、魚料理が副食の代表と位置づけられている事を意味している。

愛媛県愛南町には〈魚神山《なかみやま》〉という地名がある。これは全国でも珍しい、古語を伝える貴重な地名である。

魚は音で読むとギョ。和歌山市には〈新魚町《しんぎょ》〉があり、長崎県五島市には〈魚津ケ崎《ぎょうがさき》〉地名がある。なお、高知県馬路村の〈魚梁瀬《やなせ》〉は、梁《やな》そのものが川に仕掛ける漁具なので、魚の字は添えただけのものである。

第一二章　歴史的な官職・役職の名を留める地名

一　北条氏邦から賜った「五野上」姓と

秩父市太田と、橋一つ渡った皆野町に、「五野上」という姓が何軒かある。高校時代に皆野から来る同級生がいて、彼は折に触れて、五野上姓は寄居の鉢形北条に仕えた武士の子孫だと、誇らしげに語っていた。その頃から郷土史に興味を持ち始めた私は、それを眩しい思いで聞いたものだった。

その後の五野上姓に関する聞き取りでは、ある時、城主から緊急動員が掛かった時に、太田村から五人衆がいち早く駆け付けたために、五野守の姓を賜ったというものがあった。また、太田村の五人の衆が、荒れ地を開墾したのを愛《め》でて、五野上の姓を賜ったと聞いているという人もいた。

領主の城の動員に、「いざ鎌倉」とばかりに、いち早く駆けつけたために、五野守の姓を賜ったという話の真偽は別として、戦国時代には敵襲があった時には、領土を守る総力戦として、普段は武器をもたない百姓たちも、動員を掛けられるのが常だった。当時、武蔵国一帯を領していた北条氏も例外ではない。

次に挙げる史料は、梅沢太久夫著『北条氏邦と鉢形領支配』(まつやま書房)からの孫引きだが、書き下し文になっていて分かりやすいので、引用させていただくことにする。

天正一〇年(一五八二)織田信長は武田家を滅亡させると、織田四天王の一人・滝川一益《たきがわかずまさ》を関東管領に任命して、上野国と信濃国の小県・佐久の二郡を与える。一益は現前橋市の厩橋城《まやばしじょう》を拠点に、関東平定を目指して北条氏と対立する。その六月、本能寺の変の知らせを受けた一益は、上野・武蔵国境の神流川《かんながわ》で北条氏と対決し、三日間の戦いで、初戦は大勝したが、翌日の戦いでは逆に大敗して、本領の伊勢長島へ引き上げた。世にいう神流川合戦である。

この時、鉢形城主・北条氏邦《ほうじょううじくに》が出した書状(史料)に「秩父衆の者は、鍬《くわ》一丁づつ、まさかりを持ち、縄はひとりにつき二抱づつ持つこと、とづらでもよい……。なお、秩父衆以外の仲間や秩父衆に加わったその他の衆まで用意するよう申しつけること」(秩父孫次郎宛)というものがある。

この書状からは、一人でも多く陣地に駆けつける者があることを、期待していることが読み取れる。武器は当然のことという前提だろうが、求めている道具や資材は、陣地構築と補修用のものと思われる。

文中の「縄二抱」とは縄の長さを言い、二〇尋である。一尋は大人が両腕を広げた長さ。縄がなければ「とづら＝蔦蔓《つたかずら》の総称、でもよい」とは、田んぼの少ない秩父の様相をよく表している。私の生家付近には田んぼがなかったので、当時藁縄は貴重なもので、子どもの頃、山に枯れ木拾いに行った時には、山の蔦や藤蔓《ふじつる》を伐って縄代わりにしたものである。

次は、元亀《げんき》元年（一五七〇）滝山城主・北条氏照《ほうじょううじてる》の朱印状である。氏照は小田原城主・北条《ほうじょう》氏康《うじやす》の二男で、鉢形城主・氏邦の兄である。滝山城は今の八王子市にあり、城址は国の史跡に指定され、都立滝山公園になっている。

（史料）「敵（武田勢）が入間川まで侵攻し、……一戦となった。そこで当郷の名字を持ち税を納めている者は申すに及ばず、男は出家まで、この度は出陣せよ。出陣しない者は合戦に勝ったならば、一族従者まで磔《はりつけ》に掛けることとする。そこで、明日十八日に滝山陣で到着改めがある。道具を持ち未明に集まるようにせよ。道具のない者は手ぶらにても参るように致すべし。この出陣に参集しない者は頸《くび》を切る事とする」（小山田

八ヶ郷・狩野一庵宛て）

続いて、天正一七年（一五八九）の武州松山城主・上田憲定《うえだのりさだ》の印判状である。松山城は現・比企郡吉見町にあり、当時は小田原城の支城として、上田憲定が守っていた。

（史料）「どこからか松山城へ、どのような時間に夜討を掛けて来ようとも、（その時は）法螺《ほら》貝《がい》を吹き鳴らす様にし、法螺貝が鳴ったら、その場所へ駆け集まり、走り回るようにせよ。夜討の衆を討ち果たした者には相応の褒美をする。そして、駆け集まらない者は一族を成敗する。その場所場所毎に責任者を配置しておくので、隠れることは出来ない。弓鑓《ゆみやり》・鉄炮《てっぽう》を持っている者はもちろんのこと、武器を持たぬ者は棒を持って、確実に出てくるようにせよ」（奈良梨宛）

まさに危機感にあふれた総動員令である。その裏には、戦いを忌避する者もいた事が読み取れるが、「棒を持って」でも、「夜討の衆を討ち果たした者には相応の褒美をする」と聞けば、勇み立つ若者もいたろうことは想像に難くない。

さらに、憲定の次の制札＝布告の立て札と読み比べると、勇んで駆けつける、血気盛んな者たちの動きが十分に考えられる。

（史料）「この度は陣中において夜盗などでも必要である。男であり、健康な者は中谷領をはじめ、いずれの私領の者でも、その領主に気遣いせず陣中に参り、走り回るようにせよ。当座の扶持《ふち》は出しておいたし、その上走り回るものは御大途《おんたいと》へ申し上げ、自分は必ず褒美を致す。また、そのまま奉公を望むものは給金を出し引き立てる。また、これ以前に当家中の置いて罪を犯した者、また、借銭・借米があるものは、この度陣中へ走り回れば、総て無いことにする。陣へ来た者は（上田）河内守より朱印状を受け取るようにせよ」

文中の「当座の扶持は出しておいた」とは、「当面の食料は準備した」ということで、「御大途」は「お殿様」で、この場合は小田原北条氏康を指す。

参加しなければ、一族は打ち首・磔という仕打ちに対して、参加すれば食事は保証されるし、手柄を立てれば、何らかの罪も許され、借金・借米も棒引きになった上に、褒美やら、武家奉公が希望なら給料も出そうと言われては、勇み立つ者がいないはずはない。

このような状況のもとでは、太田村の五人衆が駆けつけた事は、あり得ない事ではない。

次に、荒れ地を開墾した褒賞に、五野上姓を賜ったという説も故なしとしない。わずかに残る史料にも、氏邦が森林の育成や、荒れ地の開拓に力を入れていた事を示すものがある。

天正一一年（一五八三）の、本庄在住と思われる、吉田和泉守に宛てた印判状の一節では（史料）「田畑については荒れ地を開墾し開き次第、永代これを与える」とし、同一四年の阿熊村＝現秩父市下吉田の四人（の名主）宛ての書状では、（史料）「（上野国）山中《さんちゅう》と秩父の間の山はどこの山であっても植林し、若《も》し木を伐りとる輩《やから》があれば申し出し、横槍を入れたり、不法なことが有れば書付をもって申し出すこと」と、厳しく申し渡している。

「五野上」姓と「権頭」「権上」

秩父で合戦の伝説・伝承といえば、上代の将門の城峯山の合戦にまつわるものと、室町後期の長尾景春の乱に関わるもの、それに戦国時代の北条・武田の合戦である。五野上姓は武士の末裔《まつえい》ということで、北条氏に結び付けて語っているようだが、果たしてどうだろうか。

皆野町野巻地区に権頭という姓がある。野巻は野牧に通じて、元牧場跡ではないかと言われている。

古代、律令国家は軍事上の目的から兵馬司《ひょうまつかさ》を置き、各国に国司を責任者とする牧の整備を進めて、毎年一定数の牛馬を朝廷に貢納させた。後、兵馬司は左右馬寮《さうめりょう》と改められ、延喜《えんぎ》九年（九〇九）、その直属の御牧《みまき》＝勅使牧《ちょくしまき》として信濃・上野・甲斐に並んで武蔵国は石田・小川・由比・立野の四つの牧が指定された。

その一つ立野牧の所在地については古くから諸説が唱えられ、一つは神奈川県の都筑《つづき》郡とし、さいたま市の大牧とする説もあるが、いま最も有力視されているのが、皆野町の野巻とする説である。この辺りに立野という地名は見当たらないが、立野牧の立を略せば野牧である。
そして、『新編武蔵風土記稿』所載の「秩父郡図」の正保年中改定図（一六四四〜四八）には野牧村とあり、元禄年中改定図（一六八八〜一七〇四）では野巻村となっているところから、この間に野牧が野巻に変わって現在に至っていることが分かる。

平安時代の左右馬寮の年中行事として、諸国の御牧から貢納された良馬を天皇の朝見に資する駒牽《こまびき》があった。秩父牧の貢馬の初見は延喜三年（九〇三）である。立野牧の指定より六年も早いのだが、承平《しょうへい》三年（九三三）年にまた秩父御牧設置の官符が発令されていることを見ると、土地の荘園化への進行に伴う混乱によるものなのか、あるいは秩父の野牧・岩田牧と、それに隣接する児玉郡の阿久原牧《あくはらまき》＝現神川町をまとめて秩父牧と指定し直したものか、どちらかと思われる。秩父駒牽は毎年二〇頭の貢納が、東山道を通して行われていた。

秩父平氏の祖・武蔵守平良文《むさしのかみたいらのよしふみ》は、桓武天皇から平の姓を賜って皇籍を離れ、常陸国守として下向した高望王《たかもちおう》の五男で、現熊谷市の村岡に居を構え、秩父もその支配地となっていた。天慶《てんぎょう》の乱（九三九〜四〇）を起こした平将門《たいらのまさかど》とは、伯父甥の関係にあったが、将門討伐に功績があったと言われ、その後間もなく、孫の武蔵権守将恒《むさしごんのかみまさつね》（常）が秩父市中村に居住して、中村太郎将恒と称し、また秩父氏を名乗る。その子・秩父太郎武基《たけもと》は秩父牧の別当職《べっとうしょく》に任じられ、秩父別当武基と名乗る。別当とは、勅使牧《ちょくしまき》＝御牧《みまき》の総責任者で、国守《くにのかみ》と共に、牧の管理や駒牽《こまびき》の職掌に当たる重要な役である。

牧の経営には原野の開拓が必要である。その作業に合わせて、私領とも言える田畑の開拓も可能である。当時の武士は弓馬の道とも言われるように、弓を引く剛腕を持ち、馬術に長《た》けたものが頂点に立つ習いだった。秩父氏は皇室の血を引く高家《こうけ》という地位と、牧の管掌と荘園の財力に併せて、馬術の巧みさでたちまち名を上げることになる。

武基は牧の拡大を目指して、中村から現秩父市下吉田の吉田小学校の敷地を中心に、鶴ヶ窪城《つるがくぼじょう》を築き移転する。武基の子・秩父十郎武綱《たけつな》は、後三年の役に三〇〇余騎を率いて参戦し、源《みなもとの》義家《よしいえ》の下で戦功をあげて、褒賞として源氏の白旗をもらい受けたという記録がある。

別当職は代々続いたが、武綱の曽孫《そうそん》・重能《しげよし》が、畠山庄司に任じられ、畠山を名乗って、現深谷市川本に拠点を移したために、秩父牧は秩父氏系の児玉党の所管となり、その後、丹党《たんとう》秩父氏に引き継がれることになる。因みに、鎌倉武士の鑑《かがみ》とまで謳われた畠山重忠《はたけやましげただ》は、重能の子である。

さて、野牧の権頭姓だが、かつて秩父別当配下の者が、秩父牧の一つである野牧に居を構えて管理していた、その子孫ではないかと説いた人がいる。『秩父史談』の著者・近藤通泰氏である。氏は野巻の山際にあるその辺りに、内出という地名が残っている事に注目して、ここを館跡とみる。内出とは、武将の館や城郭の門の事である。

さらに氏は、現地調査で、野巻の草分けを示す、「野巻六軒」という言葉を聞き、そのなかで権頭家が最も由緒が深く、家柄がいいと言われていることを聞き取っている。

氏は、権頭は権守《ごんのかみ》であると結論付けた。同感である。初めて秩父氏を名乗った将恒は、武蔵権守だった。「権」とは準ずる・代わりという意味である。武蔵守が現代風に武蔵県の知事であったなら、権守は副知事である。

守《かみ》は頭《かみ》とも書く。浅野内匠頭《あさのたくみのかみ》は知られているところである。守・頭＝上である。和風に言えば「お上《かみ》」であり「お頭《かしら》」である。「髪の毛」の意味は、人体の天辺《てっぺん》にある故に「上《かみ》の毛《け》」である。「下《しも》の毛《け》」は人体の下の方にある陰毛。ついでながら、人体の両脇にあるのを腋毛《わきげ》という。

権頭姓は、野牧の現地の管理を任された、別当職の権守の血筋を引く家柄と思って間違いあるまい。そして、野巻に隣接する旧太田村と、皆野町に散在する数軒の五野上姓は、権頭家の分け出しではないか。武家が嫡男《ちゃくなん》以外の子に、新しい姓を与えて分家を出すのは、普通に行われていることだった。

五野上家が、武士の家系と称するのは、遠い昔のこの事を指しているのではないだろうか。

『日本姓氏語源辞典』(宮本洋一）によると、権頭姓は熊本県益城郡太良木町にもあり、新潟県三島郡出雲崎町にある権頭姓は、ゴンノカミと読むという。

なお、小鹿野町両神の黒海土と、薄川を挟んだ対岸の和田地区に、権上《ごんじょう》という姓の家が数軒ある。謂れは不明だが、これもゴンノカミと読めるところから、元は何某《なにがし》かの権守に由来するものではないだろうか。

これも右の語源辞典によると、茨城県つくば市上郷の小字に権上があり、近くに権上姓が分布し、兵庫県淡路市深草の小字に、権ノ上があり、地名はゴンノカミで、付近に分布している姓はゴンカミということである。

この地名のゴンノカミが、かつて何某かの権守が居住していた事を、示しているのではないかと思われる。

山梨県富士吉田市には権正《ごんしょう》という姓があり、熊本県益城郡砥用町には旧権正村があり、ここはゴンノカミ村と呼んでいた事から、権正も元は権守だったものと思われる。

二 〈眼目〉を〈サッカ〉と読む理由

目の付く地名というと、関東では東京の目白・目黒を挙げる人が多いだろう。ここは白・黒とセットになっているので覚えやすいのだが、実は古くは赤・青・黄・白・黒の五色セットだったのである。

江戸時代、江戸の五色不動と言って、今の文京区に目赤不動尊・世田谷区に目青不動・台東区に目黄不動、そして豊島区に目白不動・目黒区に目黒不動尊が祀られていた。それが今では目白と目黒だけが地名になって残っていたというものである。

埼玉県人なら埼玉と東京の境にある、三つドッケとも呼ばれる天目山（標高一五七五メートル）だろうか。同じ天目山でも、山梨の天目山は、武田勝頼が織田・徳川連合軍と激戦の末に最期を遂げた、武田家滅亡の地として知られている。群馬県にも榛名湖の外輪山の一つに、天目山（標高一三〇二メートル）がある。

これら天目山の名のルーツは、中国浙江省の仏教の聖地とされる天目山にあるらしい。この山にある径山万寿禅寺は、日本の臨済宗の大本山で、栄西や道元など有名な禅僧は、こぞってここを訪れている。茶の湯で愛好される天目茶椀もここに由来する。

〈余目《あまるめ》〉は、山形県庄内町にある地名である。『和名抄』に、出羽国出羽郡余戸郷《あまるへごう》とある、余戸が余目になった。古代の律令制における村落組織では、五〇戸ごとに郷として、五〇戸に満たない端数を、余戸（あまるへ・あまるべ）と呼んだ。

これらはいずれも、歴史的な意味を持った地名だが、富山県中新井郡上市町の〈眼目《さっか》〉も、歴史的な知識を要する、難解な地名である。

当地には次のような言い伝えがある。「ここは古くは察花《さっか》と言ったが、加賀藩三代目の当主・

前田利常が当地を訪れた時、その景色のすばらしさを愛でて、家臣たちに『この地を眼目せよ』と言うのを聞いた、地元の人々が感動して、以後、〈さっか〉に眼目という字を当てるようになった」と。

〈眼目〉は後から当てた文字だが、元よりサッカと呼ぶ地だったというところに、正解のヒントがある。これも律令制による地方官の役職の名称である。大和政権は地方の国々に国府を置き、臣下に下った皇族や、中流貴族たちを、〈国守《くにのかみ》〉として派遣した。その下に次官として〈介《すけ》〉を置き、三等官の〈尉《じょう》〉・四等官に〈佐官《さかん》〉を置いた。佐官は補佐官を意味し、主に役所の文書作成の仕事を担当した。時代によって、属・史・目・主典などの字を当て、サッカともいった。

地名の〈眼目〉は、目の役人の所在地を指すものと言えるだろう。近くの立山町には〈目桑《めっか》〉という地名がある。これは目そのものがサッカである事を忘れて、目の字を主体にメッカと読むために桑《くあ》を当てたもので、やはり眼目と同じ意味を示しているのではないだろうか。

福岡県飯塚市には〈目尾《しゃかのお》〉という地名がある。これも現代人には難解な地名だが、役職の目《さかん》を知れば、サッカンがシャカと転じたものとして、納得できる地名である。

〈目〉をサカン・サッカと読む姓は、わずかながら山口県・大阪府・福井県などに散在しているという。たぶん、その職を先祖に持った人か、小地名として残っているその土地を、出自としている人なのだろう。

三　主計《かずえ》――石川県金沢市など

主計《かずえ》――目《さかん》と同様に、律令制の名残をとどめる地名を幾つか挙げてみよう。〈主計町〉はカズエ・カゾエと読み、石川県金沢市・滋賀県長浜市などにある。

主計は律令制度の民部省に属した、主計寮《かずえのつかさ》を基として、現在の財務省の主計局に繋がっている部局である。初めは主に租税の徴集を担当する部署だったが、後には会計一般の経理・予算・決算、また財務・調達・会計監査など、多岐にわたる任務を担当する部署と、その業務を言った。

地名はその役所が置かれた土地か、役職にあった者が住んでいた土地かの、どちらかだろう。

四　主税《ちから》――長野県飯田市主税町

これも律令制の役所の名称に由来する。律令制では国庫の出納を監督する役所を、主税寮《ちからのつかさ》と言った。〈ちから〉とは、国庫の財は、民が納めた租税＝民の労力によるものという意味である。今これは財務省の主税局に繋がっている。名古屋市にも主税町があるが、これは名古屋城の築城時に、この場所に、主税と名乗る人物が居住したことによる、と言われている。家康が名古屋城の築城に着手したのは、慶長八年（一六〇三）の事だから、この頃にはこの役職を個人名に使っていた事が分かる。

五　将監《しょうげん》――仙台市・印西市・浜松市など

将監は令外《りょうげ》の官《かん》＝大宝～養老律令以後に制定された官職で、宮中の警護や行幸《みゆき》のお供・警備を担当する、武官の役所・近衛府《このえふ》の位階の一つ。近衛府は左近・右近の二つに分かれ、大将＝長官・中将～少将＝次官・将監＝判官・将曹＝主典、以下、下回り役の府生《ふしょう》・番長・近衛舎人《このえとねり》などの職位があった。

六　舎人《とねり》と采女《うねめ》

舎人《とねり》――今知られているのは、東京都荒川区日暮里と、足立区の舎人地区を結ぶ、新交通システムの〈日暮里・舎人ライナー〉だろうか。

舎人とは古代の天皇や皇族の傍に仕えて、様々なお世話をする人である。律令では中務省《なかつかさしょう》に属し、内舎人《うとねり》・大舎人・東宮舎人・中宮舎人が定められていた。内舎人は貴族の子弟から選任され、それ以外は下級役人の子弟や、一般人からも選ばれた。内舎人は毎日天皇の傍に伺候して、警護や行幸の警備、雑役に従事し、大舎人は輪番制でそれを補佐した。『古事記』の編纂に携わった、稗田阿礼が舎人だった事は知られている。

時代が下ると、舎人の用例が広がり、貴人の牛車の牛飼いや、馬の口取りなど、雑用をこなす下人をも言うようになった。

采女《うねめ》――采女町は三重県四日市市をはじめ、埼玉県三郷市・群馬県伊勢崎市他、各地に見る地名である。律令制では、宮内省采女司の管掌の許に、天皇・皇后の食事をはじめ、様々な雑事をお世話する女官である。

采女は大化の改新で律令制が整う以前から、国造や県主などの地方豪族が、朝廷への服属の印として、一族の子女を差し出し、天皇・皇后に近侍して雑事をこなしていた。特に、三重県四日市市の采女町は、古代には采女郷と称しているところから、采女を輩出していた土地と考えられている。

七　内侍《ないし》

令制の内侍司《ないしのつかさ》の女官の総称。内侍司は天皇の側近に仕え、天皇の詔を伝えたり、天皇への奏上を仲介したりする傍ら、宮廷内を管理する職掌。春日大社には、春日祭のとき皇室から遣わされて神前に奉仕する内侍の控え所の内侍殿がある。また、伊勢神宮に奉仕する女官を職掌する斎宮寮の女官や、厳島神社の巫女も内侍と言った。奈良市には内侍原町がある。

八　村主《すぐり》

村主は古代朝鮮語で村長のこと、日本では漢や韓からの渡来系の統率者に姓として与え、移住先の地方官職名となったもの。その集団居住地の地名になっている。

九　御徒《おかち》

御徒町・おかちまち＝古語で歩いて行く事をカチといい、江戸時代は馬に乗ることを許されない下級武士を御徒《おかち》といい、武家屋敷に対して下町の長屋に住み、将軍や大名の行列の先頭に立って、通路の警戒に当たるなどした。御徒衆《おかちしゅう》。江戸城下では上野の山の下に御徒町を置き、岐阜県大垣市では歩行町と書いた。

一〇　水主《かこ》

水主は船乗りや船頭を言い、幕府や藩の管轄のもと、水運に従事する者が集団的に居住する町。各地の港湾や川港に水主町があるが、広島市では加古町と書いている。

あとがき

方言と言うと、一般的にはその地方独特の言葉や言い回しと思われているが、厳密に考えるとどこまでが方言で、どこからが共通語なのか、線引きは難しい。本書一九頁で、私の体験として例に挙げたメッタメッタという秩父弁だが、同じ県内の東京に近いさいたま市から、秩父の小学校に転勤してきた先生が、子どもたちが言うメッタメッタにはびっくりしたと話していた。

メッタの元は、メタで、そこから更に、メチャメチャ、メチャクチャ、ムチャクチャという言葉もできたことは前述した通りだが、最近はそれが流行語のようになって、「メチャクチャきれいだ」とか「メッチャ美味い」などという言い方が、テレビの中などで、それこそメッタメッタ飛び交っている。

標高二〇〇〇メートルの雁坂峠を境とする山梨県塩山地方は、古くからこの峠を越えて秩父と交流があり、今は国道一四〇号線によって、数十分で行き来できる所だが、そこでは今でもメタメタという言い方が普通に行われている。

その地方の独特な生活様式から生まれた、純粋に方言と言える言葉は多々あるが、一般には遣われなくなった古い言葉が、ある地方にそのまま残って方言と見なされたり、訛ったり縮約されたりして方言となったものなど、方言にも色々ある。そのような方言は、主に口言葉として活躍するものであって、文字言葉としてはあまり記されることはない。

地名も、それを表記するために当てた文字は、文字言葉であって、現地では必ずしもその通りの言い方はしない。方言とは広い意味では、その地方で使われている言葉や、言い方の全てを指すというまでもなく、地名は方言で語られることが多い。

それを私は「御当地読み」と言ったが、中にはすでに、ご当地読みになっていた地名を、仮借した漢字で表記したものもあるから、その意味は、当然かけ離れたものになる事が多い。愛知県岡崎市に千万町町という地名がある。文字を見れば大きな町を思わせるが、人口八〇余人の小集落である。名の由来は、江戸時代にそこにあった出番所だという。デバンショ・デバンジョがゼバンジョからゼバンジョウになって、千万町と表記されて町名となった。

ある表記が定着するまでには、色々な文字が当てられ、定着したかに見えたものでも、縁起を担いだり、時代の美意識によったりして、変更される事例もある。たとえば埼玉県秩父市のお花畑と呼ぶ小地名。これは秩父鉄道の駅名にもなっている。ここは河岸段丘の崖下の地なので、崖端《はた》の下を「旗の下」と書いて、ご当地読みでは「ハケノシタ」である。そこにある、かなり古い寺の山号が「旗下山《きかざん》」で、その御詠歌に「ハケの下寺」の文言がある事から、かなり古くから、その地がハケの下と呼ばれていた事が分かる。旗下＝端下の意味を忘れて、伝承では日本武尊が旗を立てて休憩した場所なのだが、いつしかハタがハケに訛って伝えられているなどと言っているが、ハケは崖の関東方言なのである。

その旗下をハタケと読みなして畑の字を当てて、崖上の地域で言う崖の端《はな》を花に置き替えて作り出したのが「お花畑」である。人が足を滑らして転落する危険性や、崖崩れの危険性をもつ土地の名を、旗で表して日本武尊伝説を作り上げて美化したり、お花畑という美称で以って飾ったりするのは、どこでも行われることながら、そのまま本来の地名の意味を覆ってしまっていいものかと思う。

このようにして幾層にも積もり重なって、微妙に変化を遂げている地層を掘り起こして、各地の類似した方言地名の断片を突き合わせて、意味の復元を試みるのが地名解の作業である。それは、地名を付けた当地の先人たちの、伝えたかった声を聞き糺す作業とも言える。

その地名から生まれた名字・姓が各地に拡散して、新しい土地の名になることもあれば、同じ名字が各地で同時期、あるいは時差的に発生して拡散を繰り返し、全国至る所に同じ姓があるという現象も生じている。

たとえば、私たちが当然のように、あるいは何気なく使っている、新井・今井・荒木・新治・今治・新開・新保・泰楽などという地名も名字も、発生場所は異なっているとしても、みな同じ意味だと言えば、何故という事になるだろうが、地名の起こりを掘り下げてみると、そういう事になる。

昨今、異常気象や地殻変動による自然災害が頻発しているが、地名にはその被害を予告し、警告しているものも多々ある事が、地名の研究によって分かってきた。それは先祖からのメッセージとして、その声に真摯に答え、災害を未然に防ぐ対策を、十分に講じる事が大切である。

また、地名には、その土地で生まれ、その土地の恵みによって生かされてきた、先人たちの土地に対する敬意と、親愛の気持ちを、誇りをもって語る物語がある。恐ろしいもの、ユーモラスなもの、すべてが先人たちのそこで生きてきた息吹きである。

それらの土地に繋がる姓は、その土地をどんなに遠く離れていても、その人のルーツを示す証明書である。その証明書をつぶさに調べて、自分の存在証明を確認し、家族や子孫に伝えていくのも大切な事ではないだろうか。

先住民族として住んでいたアイヌの人たちの土地に、北海道と名付けて和人の入植を進めた明治政府によって、アイヌの地名はたちまちのうちに漢字表記が決められた。その際、律令以来の伝統的な漢字二字の表記法が用いられたために、長い音を連ねた地名は省略されるなどして、元の意味を失ったものも多いという。

アイヌの人たちは土地を奪われるばかりか、地名まで和人化され、言葉も文化も日本に帰属させられる事になった。これは日本各地の方言の抹消を目指した、日本語の標準化政策と軌を一にするものだった。

身近な所を考えてみれば分かる事だが、地名が消える事は、その土地の歴史が消える事であり、そこに住んでいた一人一人の存在が抹消されることである。その点について、アイヌ民族として初の国会議員となり、アイヌ文化の復権と伝承に力を注いだ萱野茂が残した、有名な言葉がある。

「地名は、アイヌが先住民である証を、大地に刻んだものである」。土地も言葉も奪われた立場からの発言だけに、重い真実味を持って迫ってくる言葉である。それはアイヌだけの問題ではなく、町村合併や、開発計画などによって、安易に地名を変えようとする風潮に対する警鐘として、噛み締めてみる価値のある言葉でもある。

この本はそんな思いをもって書き始めたものである。とはいえ、地名研究や姓名学を体系的に学んだこともない、言わば一介の好事家が、思いつくままにメッタ綴った、メチャクチャな随想まがいのものと言われれば、その通りで返す言葉もない。そのつもりで気楽に手に取ってもらって、方言や地名について関心を深める一助にもなればうれしいと思っているところである。

最後に、その著作から重要な図表や史料を引用させていただいた、山崎春江氏と梅沢太久夫氏をはじめ、末尾に列記した参考文献の編著者諸氏に、こころからお礼を申し上げ、併せて、出版に当たっては、前著『秩父の地名の謎99を解く』『明解　埼玉の地名』に引き続き、埼玉新聞社の出版担当・高山展保氏に大変お世話になったことを記して、感謝の意を表するものである。

▼主な参考文献

『あぶない地名』小川豊　三一書房　２０１２
『小鹿野町誌』　同編集委員会　小鹿野町　１９７６
『角川日本地名大辞典』同編纂委員会　角川書店　１９７８〜１９９０
『この地名が危ない』楠原祐介　幻冬舎　２０１２
『新編武蔵風土記稿』蘆田伊人編集校訂　雄山閣　１９９６
『戦国の作法』藤木久志　平凡社　１９９８
『戦国の風景 暮らしと合戦』西ヶ谷恭弘　東京堂出版　２０１５
『全国水害地名をゆく』谷川彰英　集英社インターナショナル　２０２３
『祖先がここまでわかるおもしろ地名史』丹羽基二　青春出版社　１９９０
『秩父市誌』同編纂委員会　秩父市　１９６２
『秩父の地名伝説の虚実』髙田哲郎　東京図書出版　２０２１
『秩父の地名の謎101を解く』髙田哲郎　埼玉新聞社　２０１８
『秩父の地名の謎99を解く』髙田哲郎　埼玉新聞社　２０１９
『地名語源辞典』山中襄太　校倉書房　１９６８
『地名の古代史』谷川健一・金達寿　河出書房新社　２０１２
『地名の社会学』今尾恵介　角川学芸出版　２００８

『地名の研究』柳田國男　講談社　2015
『地名の原風景』木村紀子　平凡社　2023
『地名の謎を解く』　伊東ひとみ　新潮社　2017
『地名の博物誌』谷口研語　PHP研究所　1997
『地名は警告する』谷川健一編　冨山房インターナショナル　2014
『地名は災害を警告する』遠藤博之　技術評論社　2014
『難読の地名800』　博学こだわり倶楽部編　河出書房新社　2013
『日本国語大辞典』小学館　2000
『日本古代地名辞典』吉田茂樹　新人物往来社　2006
『日本古代史地名辞典』加藤謙吉他　雄山閣　2007
『日本古典文学大系1・古事記　祝詞』岩波書店　1970
『日本古典文学大系2・風土記』岩波書店　1958
『日本古典文学大系4〜7・万葉集1〜4』岩波書店　1962
『日本古典文学大系22〜26・今昔物語1〜5』岩波書店　1963
『日本古典文学大系32〜33・平家物語 上下』岩波書店　1960
『日本古典文学大系34〜36・太平記1〜3』岩波書店　1985
『日本古典文学大系37・義経記』岩波書店　1959
『日本古典文学大系67〜68・日本書紀 上下』1969
『日本人として知っておきたい地名の話』北嶋廣敏　毎日新聞社　2008

『日本地名基礎辞典』池田末則　日本文芸社　１９８０
『日本の地名』藤岡謙二郎　講談社　１９７４
『日本の地名』浅井健爾　日本実業出版社　２０１０
『日本の地名遺産』今尾恵介　講談社　２００７
『日本の地名60の謎の地名を追って』筒井功　河出書房新社　２０１１
『日本列島大地図館』小学館　１９９０
『民俗地名語彙事典』松永美吉・日本地名研究所　筑摩書房２０２１
『名字でここまでわかるおもしろ祖先史』丹羽基二　青春出版社　１９９０
『明解 埼玉の地名』髙田哲郎　埼玉新聞社　２０２３

ほか、関係市町村の公式ホームページ等

【著者略歴】
高田 哲郎（たかだ・てつお）

1935年、埼玉県秩父郡両神村に生まれる。
國学院大學文学部卒。秩父郡小鹿野町の中学校に37年勤務(うち5年間、組合専従)。東京経済大学非常勤講師。「中国山村の子ども達に学校を贈る会」を主宰して、小中学校6校を贈り、1800余人の奨学生を育てる。中国河北省石家荘市栄誉市民。
東日本大震災に際し「東北の被災者と支援者をつなぐ会」の代表として、北茨城市から陸前高田市まで120回の支援活動を行い、2024年正月の能登地震以来、「能登の復興のために軽トラックを贈る」運動をおこし、中古の軽トラ10台を贈るなどして活動を続行中。

【著書】

『へき地における国民教育の創造』(共著・民衆社)
『通信簿がぼくを笑ってる』(民衆社)
『学級通信を創る』(民衆社)
『中学生讃歌』『翔べ中学生』(民衆社)
『思春期・心のくずれをたて直す』(明治図書)
『なんで勉強するの』(岩崎書店)
『秩父の女衆』『秩父の婆衆』(民衆社)
『秩父方言のルーツを探る』全5巻（民衆社・幹書房）
『秩父の地名の謎101を解く』(埼玉新聞社)
『秩父の地名の謎99を解く』(埼玉新聞社)
『秩父の地名伝説の虚実』(東京図書出版)
『そうだったのか 土地の呼び名 明解 埼玉の地名』(埼玉新聞社)

おもしろい方言地名と名字のあれこれ

2024年9月9日　初版第1刷発行

著　　者　高田 哲郎
発 行 者　関根 正昌
発 行 所　株式会社 埼玉新聞社
〒331-8686 さいたま市北区吉野町2-282-3
電話 048-795-9936（出版担当）
印刷・製本　株式会社エーヴィスシステムズ

ISBN978-4-87889-555-5 C0025
（定価はカバーに表示）